JN099116

行政書士・社労士・中小企業診断士

副業開業カタログ

林 雄次・ado【編著】

中央経済社

は じ め に

　本書の編著者の代表，資格ソムリエ®の林雄次と申します。社労士を中心とした業務で士業事務所を運営していますが，数年前までは会社員として働いていました。今こそある程度の規模になりましたが，私も最初は副業からのスタートです。

　副業が解禁されたとはいえ，私の場合は周囲に同じような人がおらず，暗中模索のスタートでした。ただ，ひょんなことから上手く進むようになったのですが，それは本書の中でご紹介していますので，後ほどじっくり読んでいただけますと幸いです。

　副業はあまり情報がオープンになっておらず，自分で取り組むにはまだまだハードルが高いように見えるかもしれません。でも，特別なことをしないと成功しないわけではなく，しっかり取り組めば誰でも一定の成果が出るものだと考えています。

　本書では，20人以上が副業の体験談やノウハウを語っています。さらに，資格の種類や，年齢，副業の形態など，いずれの面から見ても偏りが少ないよう，多様なメンバーにバランスよく集まってもらいました。どんな方にも参考になる事例があるはずですので，ご期待いただけましたら幸いです。

　また，体験談だけではなく『副業開業のすゝめ』と称したセミナーの内容を再編し，副業のメリット・デメリット等をまとめて PART I で説明しております。皆さんが副業を考えた時に私のように暗中模索しなくて済むよう，開業までの流れや軌道に乗せる秘訣も出し惜しみせず載せていますので，ぜひお役立てください。

　さらに個別の体験談に終始しないよう，アンケートをまとめた結果も入っています。まさに，副業についてのバイブルとなりうる内容です（いい過ぎかも

しれませんがそれくらい充実した内容になっています）。

　副業を始めたいという方はもちろん，既に副業をしている方にも本書を読んでいただきたいと思っています。きっと活かせるヒントが見つかるはずです。

　まずは本書を手に取っていただいたことに，編著者を代表してお礼を申し上げます。興味を持っていただけただけでも，大変嬉しいです。本書をお読みいただければ，きっと今までとは違った副業の進め方が見えてくるでしょう。

　本書が副業に興味のある方の背中を押したり，励みになれることを，編著者一同で祈念しています。

2023年10月

林　雄次

CONTENTS

PART Ⅱ　先輩に聞く！　副業開業準備ノウハウ

編著：ado

PART Ⅲ　○○×士業！　わたしの副業開業体験記

PART I

会社員×士業
副業開業のススメ

編著：林雄次

せっかく苦労して資格を取得したけれど，放置したまま……という方は多いようです。不安だし，2つ目の資格にトライしたほうがいい？　というご相談も多いです。PART I では，副業開業というはじめ方，2つ目の資格について書きました。さらに，長く士業としての活動を続けていらっしゃる先輩にインタビューもしてみました。

林雄次プロフィール：大学卒業後，大塚商会のシステムエンジニアとしての勤務中に，社労士等多くの資格を取得。兼業2年目には給与を上回る売上，上場企業からの顧問契約など資格の組み合わせを活かした急成長を経て，独立。保有資格は社会保険労務士，行政書士，中小企業診断士をはじめ400以上。

副業開業で「二足のわらじ」を履く！

> 資格を取るまでには，時間もお金もかかります。せっかく資格を取ったなら，活かしたいと思うのは当然でしょう。スパッと本業を辞めて独立開業するのも1つです。でも，それだと不安……という方，サラリーマンとして働きつつ，週末や夜間をメインに副業として士業開業をし，一歩踏み出してみる，というのはいかがでしょうか。

はじめに

　私は，新卒で就職したIT会社で15年間エンジニアとして働いていました。資格取得を推奨する会社で，合格報奨金が出たため，IT系の資格をひととおり取得した後，ビジネス系資格にも手を出すようになりました。その中で，社会保険労務士（以下，社労士）試験に合格しました。

　「せっかく取得した資格を活かしたい」と思いましたが，人脈も実務経験もありません。「でも，動かなければ何も芽は出ない」と思い，働きながら開業することにしました。幸いなことに，何とか順調に売上を伸ばし，3年目で独立しました。

売上実績（経緯）

1年目（2018）	300万	兼業として開始し，数社と契約
2年目（2019）	1,500万	徐々に顧問先が増加，上場企業も
3年目（2020）	4,500万	大口の顧問先と契約，退社し完全独立へ
4年目（2021）	6,000万	堅調な推移，セミナーや執筆が増加

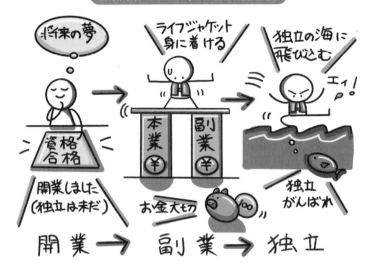
副業開業のススメ（イラスト：稲垣啓）

　徐々に顧問先が増加し，2年目の最後のほうからはフルリモートのパートを雇って凌ぎました。コロナ禍より前で，まだリモートが一般的ではない時期でしたが，私自身が本業のため事務所に出向くのが難しく，リモートはマストでした。

 ## 独立後も私の事務所はフルリモート！

　子育て中の方など10人ほどが働いています（フルタイムに換算すると5〜6人でしょうか）。社労士としての申請件数は年間約1万〜2万件あり，大きなグループ会社の案件も抱えているため，結構な業務負担量がありますが，リモートでも特に支障はありません。

 ## リモートだと人が育たない？

　よく「リモートだと，人材が育たないのでは？」といわれますが，そこもクリアできています。現在，私自身は申請の業務にほとんど関与せず，スタッフに任せています。

スタッフが育ってくれたおかげで，私自身は，仕事の幅を広げることができています。具体的には，BtoBとしては「デジタル士業」として他の士業の支援をしたり，BtoCとしては「資格ソムリエ」としてセミナーや執筆活動をしたりしています。

1　副業開業のはじめ方

①まずは知ってもらうことからすべてが始まる

　独立開業で大事なのは，最初の取っ掛かりです。「開業した」と周囲にいって回ることで，ご祝儀的に仕事を貰えることもあるかもしれません。

　表立って本業のお客さんに営業をかけるのはNGですが，身の上話や日常のコミュニケーションの際に「社労士の資格取りました」「開業しました」ということは差し支えないと思います。

 私も最初の顧問先は本業関係でした！

　私も，本業のIT系企業のエンジニアとして訪問していた先で「そういえば林さんって前に社労士取ったっていってなかったっけ？」と依頼をいただきました（もちろん，顧問契約は会社の許可を得てからです）。

②本業のスキルを活かして認知度をアップさせる

　働きながらの開業は，とにかく可処分時間が少ないです。平日昼間に行政の窓口で申請することもひと苦労です。可処分時間が少ないので，専門性を深めるにも時間が足りません。「専業で社労士業務を深めていく！」と覚悟を決めた人と戦うのは難しいだろうと感じました。

　では，どうすべきか。「社労士の林です」と名乗っても，社労士は4万人以上いるので，その中の1人です。

　その時受けたアドバイスが，「ITに詳しい社労士は他にいないので重宝されるのでは？」というものでした。

　まったくピンときませんでした。エンジニアの私にとってITに詳しいのは当然のことだったからです（周囲の人も当然皆詳しかったですし……）。「IT

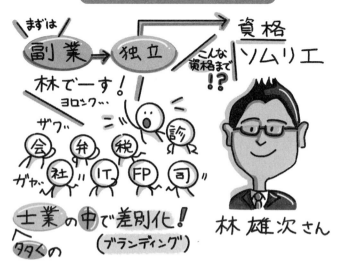

ブランディング（イラスト：稲垣啓）

×社労士」は，「ケーキ屋×靴屋」くらい噛み合わないように感じましたが，他に案もないのでしぶしぶ名乗ってみたところ，問い合わせや紹介が殺到したのです。社労士の中でITスキルがエンジニアレベルにある存在が珍しかったようです。

　このように，他の士業との差別化については，「新しい自分に生まれ変わろう」では難しいです。今までの自分のキャリアを振り返り，棚卸をして，「自分なりの組み合わせ」を作ります。

 ### 社労士×僧侶

　私は「IT×社労士」の組み合わせがずっと続くものとは思っていません。ITは，10年先には皆が当たり前に使いこなすものになっているだろうと考えています。そこで，先を見据えて，僧侶の資格を取得したりもしています。私の中ではちゃんと文脈もあって取得したのですが，このキャラ付けは皆さん記憶に残るらしく，効果絶大だなと感じています。

③計画された偶発性と考え，来た仕事は選ばず受ける

開業当初は，「難しいけれど，ちょっと頑張ればできるかも」と思う依頼はすべて受けるようにしました。

心理学者のクランボルツが「計画された偶発性」ということをいっています。「何をしたいかという目的意識に固執すると，目の前に訪れた想定外のチャンスを見逃しかねない」という話です。もちろん，ずっと会社員との両立を考えるのであれば無理はいけませんが。

 ### ３年が限度かも……

私自身は「３年ほどは無理をしてでも結果を出そう」と考えていました（期限を決めたのは，３年以上無理を続けると，過労で本当に死ぬだろうと思ったからです）。

来る依頼に偶然はない？（イラスト：稲垣啓）

2　副業開業のメリット

①出費を伴うことにチャレンジしやすい

　貯蓄を切り崩しながら開業するのは精神的にハードです。そこで，本業の収入があるのは大きいです（独立すると，給料をもらえる環境のありがたみを身に染みて感じます。人を雇えば，従業員の給料分まで売上を上げる必要があります……）。

　本業の収入があることで，安心して出費もできます。名刺を外注すれば，5,000円〜1万円，デザイン料も含めたら数万円かかることもありますが，プロに頼むことで納得がいくものができるでしょう。本業の収入がないと，「自分で作るか」となりがちです。そういう意味では，自己投資しやすいです。

②本業が強みになる

　本業の経験や人脈が開業に有利になることもあります。独立すると，士業業界以外の人脈を作ることは難しいからです。士業の人脈を作りつつ，本業の人脈を活かせるのは，強みです。

　また，本業の会社の看板も強いです。もちろん辞めた後も「元〇〇」として使えますが，現役であればより説得力があります。

　看板となるような会社に勤めている場合は，辞めてしまうと新規カードの与信が通らなくなったり，住宅ローンを組みにくくなったり，当たり前に享受していたメリットが受けられなくなるので注意が必要です。

3　副業開業のデメリット

①とにかく時間がない!!

　本業にプラスして士業としての活動の時間を作るのは大変です。ホームページの体裁や事務所名を考えるだけで，あっという間に時間が過ぎます。絶妙なバランスで維持をするのは至難の業です。

②エンジンがかからない……

　メリットの裏返しです。人は自分に甘い生き物なので，先々独立したい場合

であっても「本業の収入があるから」といろいろ後まわしにしてしまいがちです。そのままだと、ずっと「開業準備中」の人になりかねません。

　さらに、本業の会社の看板に頼りすぎると、自分自身が何者なのか曖昧なままだったりします。いつまでも「元○○」でいいのか、それも考えるべきでしょう。

メリットとデメリット（イラスト：稲垣啓）

働きながらの開業
○ 経験と人脈
× 時間の消費

本業
会社
時間
開業！
従業員
お金
○ 金銭的余裕
× 開業のやる気 Down↘

4　副業開業までのフロー

5つのステップ

STEP 1	事業計画書作成（簡単でも作成）
STEP 2	会社への届出
STEP 3	情報収集（副業に必要な情報を集めたり屋号を決めたりする）
STEP 4	届出関係（開業届，社労士会への登録，銀行口座など）
STEP 5	プロモ関係（名刺・ホームページなど）

　開業を決めたら，まずは事業計画を練るべきです。月いくらぐらい売り上げるのか，そのためにはどれぐらいお客さんが必要なのかというのを簡単に見積もります。さらに，いつぐらいまでに準備を終えるかを決めます。決めないと，ずっと準備している人になりがちだからです。

　事業計画を練ったら，会社に届け出ます。副業によほどウェルカムな会社でなければ，当然否定的な反応をされるでしょう。本業への影響を聞かれるはずです。その際に，「活動する時間は平日の夕方からここまでの1，2時間です。平日はこれぐらい稼働します。週末は土日どちらか1日ぐらい稼働します。1日は休みますので本業には影響ありません」といえるようにするためにも，事業計画をしっかりしておくことが不可欠です。さらに，例えば士業としての営業先で見つけたお客さんに会社の商品を紹介するなど，会社側のメリットを提示することもよいと思います。

　会社の許可が取れたら，情報収集です。士業としての活動方法を検討したり，アイディアを出したりという段階です。そこで得たことに沿って諸々の届出を行います。開業の登録が完了するまで半月〜1カ月かかるので，その期間を有効に活用しましょう。

5 軌道に乗せるのに重要な7つのこと

　副業に限らず，開業を軌道に乗せるのに重要なのは，「覚悟」「ホームページ」「SEO対策」「SNS」「運転資金」「協力者」「価格設定」の7つです。

①何より「覚悟」を決めることが大事

　本業と士業としての活動は基本的には切り離して考えるべきです。私自身も最初のお客さんは本業のお客さんですが，例えば本業のお客さんに過度な営業をかけて苦情になったら本業での立場も危うくなります。

　本業も，以前に増してしっかりやらないと会社で後ろ指を差されます。失敗すると「○○さんは，副業しているからね」といわれます。

　ただし，ここはパラドックスで，本業に甘えていると，士業としての活動がいつまでも形になりません。永遠に「二足のわらじ」です。かといって，繁盛したとしても，体力的，時間的に限界が訪れます。

　ストレスもたまりますので，会社の外や，SNS等で相談ができる相手や，悩みを共有できる相手が必要です。悶々とする場面はあると初めから覚悟しておいてください。

②三種の神器は「ホームページの作成」「無料の取材等によるSEO対策」「SNS」

　企業からのコンタクトは，ホームページのお問い合わせフォームから来ることが多いです。企業にとって，ラフなSNSのDMから連絡するのは気が引けるのでしょう。そのため，ホームページの自作はおススメしません。時間もかかりますし，素人っぽさが企業側に透けて見えてしまうからです。

　また，ホームページを作るときにブログを利用するのであれば，最低でも週1回は更新すべきです。何カ月も前の記事で止まっていると「今は活動していないのかな」と問い合わせを控えるかもしれません。

 **執筆依頼や大きな会社からの引き合いは
ホームページからがほとんど**

　私の場合，執筆依頼や大きな会社からの引き合いはホームページのお問い合わせフォーム経由がほとんどです。問い合わせの経緯やきっかけを必ず確認し

ますが，いきなり天からのお告げで事務所の名前や個人名を調べて来た人はこれまでいません。ネット上にばらまいておいた名前や事務所名からたどってきてくれています。

SEO対策としてもおトクなのが，無料で載ることができる媒体に載ることです。そういった依頼は積極的に受けるべきです（取材商法のような，お金をかけて有名人と対談できますなどというものは不要です）。社労士会，商工会議所等，メディアの記事，士業の紹介サイトなどを活用するとよいでしょう。

私も最初は無料で載れる媒体を活用しました（メジャーな媒体に載るようになって控えていますが……）。

さらに，SNSも，コツコツ続けて伸ばします。「そんな時間がない！」という場合は，運用支援の会社に入ってもらうと，一気に伸ばすことができます。ノウハウを拝借することもでき，一石二鳥です。

 ## テキストコミュニケーション力が大事！

ちなみに，自力でやる場合も文章力のトレーニングを意識するとよいです。メールやチャット等テキストのコミュニケーションでは，相手に意図せず冷たい印象を与えてしまったり，誤解されてしまったりするからです。

③「運転資金」「協力者」の確保

「運転資金」「協力者」の確保も大事です。政策金融公庫や商工会議所は，利子が低めなので，活用するとよいでしょう。また，どんなお仕事であっても士業の仕事は「自分だけで完結する」ものはなかなかありません。なので，他士業とのつながりを作っておくと後々助かる場面があるでしょう。

④価格設定を決める（安く仕事を受けない）

安く仕事を受けると，後々なかなか値上げできず，辛くなります。そもそも，値段をうだうだいうような会社は，トラブルが多く客筋としてよくなかったりします。お客さんを選ぶ意味でも，価格設定はしっかりするべきです。

6 取り組みやすい仕事3選

　納期がタイトで,「今日中に直してください」という依頼がある仕事は,副業では避けるべきでしょう。社労士であれば,給与計算が典型的です。また,大量の手続き対応がある仕事は,難しいです。ここでは,比較的取り組みやすいものを挙げていきます（それぞれ「やってみた」方の体験談を146頁より掲載）。

① Web 記事の監修等

　Web 等の記事の監修は,場所を問わずできますし,おススメです。メディアによっては肩書や名前を出してくれることもあります。名前やキャッチコピー,顔を出してもらえるように交渉するとよいと思います。

　掲載サイトを増やせば,Google の検索結果が増えます。エゴサーチをして1ページ分くらいは情報がでることを目指しましょう。

②資格学校の講師

　資格学校の講師もおススメです。資格学校の講師は委託が多く,教室の登壇,教室でクラスを持つ場合もあれば,添削や e ラーニングの動画出演などもあります。

　強みは,ブランディング上のメリットです。週1日夜だけでも,社労士の講座を持っていると,おそらく資格学校のホームページに講師として載せてもらえます。これは非常に箔がつきます。また,人前で話す練習ができるのも大きなメリットです。

③助っ人

　他の事務所の仕事をサポートする,いわゆる「下請け」は,士業の業界団体のようなネットワークから紹介してもらえたりします。報酬があまり高くない場合も多いですが,お金を貰って「修業」すると考えれば,副業なら悪くありません。ただし,修業等を口実に安く仕事を引き受けさせるようなひよこ狩りには注意しましょう（ひよこ狩りに関するアンケートを151頁に掲載）。

おわりに ── 副業こそ DX 化が大事

　副業開業すると，時間がありません。「デジタル士業」として，最後に，効率化のために揃えておくべき IT 設備，ガジェット等に触れます。

　まずは，できるだけスマホで業務を完結できるようにするのがポイントだと思います。慣れてしまえば，Dropbox などにファイルを保存してドキュメントを編集することもスマホでできます。スマホで全部完結できるように少し学んでおけば，すきま時間にちょっと案件を片付けることもできるかもしれません。

①メールアドレス

　ホームページやメールアドレスには，最初から独自のドメインをとるべきです。信用力の問題で，Gmail などのフリーメールは避けましょう。

　ネットショップで商品を買う時にドメインをとっているお店とそうでないお店を比べれば，ドメインがあるお店のほうが信用できます。年間で 1〜2 万円のコストがかかりますが，途中で変えるのは面倒なので，最初からとりましょう。

②電話の代行【fondesk など】

　本業中でも，電話を受け付けてくれて，チャットワークやメールなどで，「何番の誰さんから電話があり，こんな内容でした」と教えてくれます。これは，「本業中にかかってきた電話に対応できなくて，お客様に迷惑をかけるのでは……」という副業特有の悩みを解消してくれる便利なサービスです。

③性能のいいパソコン

　可処分時間が少ないので，性能のいいパソコンにするのは大事です。

　2 年 3 年ケチ臭いパソコンで仕事をするのは，非効率です。

　おススメは，SIM が挿せるパソコンです。携帯電話の機能が内蔵されていて，単独で通信ができるものがいいでしょう。もちろん，テザリングを使ったりもできますが，場所によって回線の電波が良い悪いがあります。

リスクヘッジが大事

　私は，リスクヘッジとして，自分の持っているスマホの会社と違うキャリアのSIMカードを入れています。私はスマホはドコモ，パソコンのSIMはソフトバンク，モバイルルータはauとWiMAXというようにして，全部のキャリアを常に持っています。

④充電ケーブル

　国産のパソコンだと AC アダプターが必要になりますが，副業には不便です。私は Lenovo を使用していますが，ある程度上位のモデルだと，スマホと同じ USB の Type-C のケーブルで充電できます。USB の Power Delivery（PD）という規格に対応したノートパソコンだと，モバイルバッテリーで充電できるので便利です。

 ## アナログも大事！

　ちなみに，ガジェット好き，効率化好きと思われていますが，私自身はアナログも大事だと思っています。取材や打ち合わせは，対面かオンラインを選べるのであれば，対面です。伝わる情報量が多いですし，名刺や紙のパンフレット等も作っておいてお渡しすれば，相手の記憶に残るからです。

　今は見た目や印象を，自分で作れる時代です。対面の時のために，声や服，持ち物にもこだわっています。

　例えば，声の通りは，ビジネス専門のボイストレーニングを受けるとだいぶ違います。私の場合は 5 万円以上かかりましたが，身に付けてしまえば，使い放題（笑）ですので，コスパがよかったと思います。さらに，ボイストレーニングを受ける人は少ないので，セミナーや登壇の際に簡単に頭一つ抜けられると思います！

02 2つ目の大型資格を取るべきか否か

士業に合格された方は，実務を経験する前に，2つ目，3つ目の資格取得を目指す方も多いです。資格を400以上も持つ私がいうのも説得力がないですが，そのコスパ・タイパはいかに。ここでは，2つ目の大型資格を取ることの是非と，取ると決めた場合の攻略法について書きます。

はじめに

　本書のテーマである副業（複業）は『複数の仕事をすること』ですので，同様に資格を複数持つことにも関心がある方は少なくないでしょう。ここでは，400以上の資格を持つ資格ソムリエ®の林から，複数資格を持つことの是非についてお伝えしましょう。

1　複数資格のメリット

　本書で体験談の対象としている行政書士，社労士，中小企業診断士（以下，診断士）のいずれにしても，全国で資格者が数万人にも及びます。今から資格を取得したり開業したとしても，社労士ならすでにいる4万人の列の最後に並んだようなもの。より難易度の高い税理士や弁護士でも「持っているだけ」では仕事が来る時代ではありませんから，何か特徴がないと注目してもらうことは難しいです。そんな状況下で，2つ目以降の資格は差別化要素として一定の強みになります。

　目立ちたいわけでない方でも，複数の資格があれば，取り扱える業務の領域が広がる，事業のリスク分散といったメリットはありますので，基本的にはおススメできるものです。

自分の型をもつ（イラスト：稲垣啓）

　実際，私自身も社労士の手続きと，行政書士のビザの組み合わせが外国人を雇用する顧問先への対応に役立っています。また，診断士で補助金，社労士で助成金というように，クライアントには区別がわかりにくい業務も，気にせず相談いただくことができています。他にも複数資格が役に立っていることは多いですし，知識の幅が広がるのは基本的によいことのはずです。

2　複数資格のデメリット

　ただ，2つ目以降の資格によいことだけしかないのかといえば，そうではありません。何事にも光と影はあるものですので，デメリットになりうる部分があるのも事実です。

①維持費用

　まず挙げられるのは，維持費用。これはわかりやすいと思いますが，資格が2つ3つと増えれば，維持費も比例して増えることになります。かかり続ける会費のようなものは当然ですが，特に大きいのは登録時の初期費用。登録免許税などが掛かる士業の資格だと10万円以上必要なことも多いので，複数あると

相当な金額になります。資格を増やす前に，費用をかけてもなお必要性があるのか，考えるべきでしょう。

②専門性

　次に気にしておきたいのは，専門性。資格1つでも，対象業務はかなり広いのですべてをカバーするのは難しいもの。それを複数持った場合，個別の資格での専門性という面では専業の人に劣りやすいです。もちろん勉強したり経験を積んでカバーすべく努力することもできますが，人並み以上に頑張る必要があります。複数資格をマイナス視するような同業者や顧客が一定数いることも認識しておく必要があるでしょう。

③時間の制約

　最後に挙げるのは，時間の制約。私たちの時間は1日24時間に決まっています。この中で活動していくわけですので，資格が複数あると1つあたりに割ける時間が少なくなります。各種の資格には更新の手続きや受講が必須の研修があったりしますので，これが複数重なってくるとそれなりの負担になるでしょう。忙しさについても覚悟しておく必要があります。

　このような部分はありますが，個人的にはいずれもカバーできるものと考えています。確かにマイナス面はありますが，それ以上にプラスのほうが多いと思います。いずれにしても，1つに絞るのも，複数持つのも個人の判断です。ただ増やせばいいというものではありませんので，じっくり考えてから取り組みましょう。

3　行政書士・社労士・診断士の攻略順

　2つ目以降の資格にチャレンジするとなったら，まず大事なのは攻略順です。本書で体験談の対象としている，行政書士，社労士，診断士の場合は，試験内容に次のような違いがあります。

行政書士	①憲法，②行政法，③民法，④商法，⑤基礎法学，⑥行政書士の業務に関する一般知識等（勉強時間の目安：600時間）
社労士	労働関係科目（労働基準法，労働安全衛生法，労働者災害補償保険法，雇用保険法，労働保険の保険料の徴収等に関する法律，労務管理その他の労働に関する一般常識），社会保険関係科目（健康保険法，厚生年金保険法，国民年金法，社会保険に関する一般常識）（勉強時間の目安：900時間～1,000時間）
診断士	1次試験（経済学・経済政策，財務・会計，企業経営理論，運営管理，経営法務，経営情報システム，中小企業経営・政策），2次試験（4事例の記述式試験と，面接による口述試験）（勉強時間の目安：1,000時間～1,500時間　※幅広い科目を扱うので個人差が非常に大きい）

　単純に勉強量で比べると，取り組みやすいのは「行政書士→社労士→診断士」の順です。時間がかかるものは難易度も高く不合格のリスクも上がりますので，徐々にステップアップするのが手堅いといえます。実際に，行政書士から社労士という流れで合格された方はよく見ます。ただし，これが誰にも向いているかといえば，そうではありません。

　行政書士の試験科目には憲法などが含まれ，法律の根本的な考え方が問われるのに対し，社労士は労働・社会保険関連に特化するので細かい内容が増えます。そして診断士は非常に幅広い分野を学ぶ必要があるので，予備知識がない方は勉強量が非常に多くなってしまいます（逆に予備知識のある分野が多いと，意外に短時間で取れる可能性もあります）。このように，試験の特徴から取りやすさは個人差があるので，自分に向いているものから取るのもよいでしょう。

4　難関資格合格は準備が9割！

①勢いだけでは合格までたどり着けない

　行政書士・社労士・診断士のような取得にそれなりに時間がかかる資格については，勢いで飛びつかないことが大事です。勢いだけで合格までたどり着けるようなボリュームではありません。また，期間がかかるということは，少しでも方向が間違ったりズレたりしていると，後で取り返しがつきません。そこ

で重要になるのが，勉強を始める前の準備です。

　まずはブログやSNSなどで，合格体験記を探しましょう。その人が，どんな教材や勉強法で合格したのか，事例を集めることで勝ち筋が見えてきます。この時，できれば自分と同じような環境の人を選ぶのもポイントです。フルタイムで働いている人と，そうではない人など，環境は人それぞれ大きく違います。ですので，なるべく自分と近い環境にいる人を複数見つけてから共通項を探しましょう。

②ネガティブサーチのススメ

　なお，私がもう1つおススメしているのは，勉強に本格的に取り組む前のネガティブサーチです。これは，電化製品を買うときなどに，製品名に故障とか欠点といった語句を付けて検索するように，ネガティブ要素がないかを確認するものです。資格については，モチベーションが上がって盲目的になりがちですが，だからこそ事前にこういったこともしておいてほしいです。懸念点をあらかじめ知っておくことで，人から否定的な情報を聞いても気にせず突き進むことができます。モチベーションの維持のためにも，ぜひネガティブサーチをしておきましょう。

③合否を決めるのは準備

　準備がしっかりできていれば，あとはちゃんと時間を取って勉強すれば確実に合格できるはずです。行政書士，社労士，診断士あたりの場合は，諦めずに取り組めば，数年で合格できる場合が多いです。勉強をやめなければ，必ず合格できるでしょう。

おわりに ── 資格やキャリアはかけ合わせがポイント

①社会人としてのキャリアで差別化する方法もある

　資格を2つも3つも取ることだけが，オリジナリティの打ち出し方ではありません。本書の読者の方は，社会人として一定の経験を積んでいる方が多いと思いますが，そのキャリアや，今まで生きてきた環境というのは，自分だけの強みです。「何も強みがなくて」と相談されたりするのですが，その多くは気

づいていないだけです。私がうらやましく思うような要素をお持ちであることがほとんどです。それを活かすだけで，自分だけのオリジナリティが十分に出せます。もちろん，そこに資格が加われば更に強力なことはいうまでもありません。

②強みは他人に聞くと見つけやすい

では，その強みをどう見つけるのか。慣れると自分を客観視できるようになりますが，まずは周囲の人に意見を聞くのがよいでしょう。本当の強みというのは「他人なら苦労することなのに，息をするようにできてしまう」といったこと。自分では当たり前のことなので，本人だけでは気づくのが難しいのです。

 ## 環境が変われば評価も変わる

> 私の場合は開業当初『ITにも詳しい社労士さんは他にいないのでは？』といわれてからその方面を推すようになったのですが，当初は自分でまったくしっくりきていませんでした。システム関係の仕事をしていた自分にとっては，ITに詳しいことは極めて自然なことで，会社の中にはもっと詳しい人もいたためです。ただ，環境が変われば評価も変わるもの。こういったことから，自分で気づくことは難しいとおわかりいただけるのではないかと思います。

③組み合わせればオンリーワンに！

100人に1人くらい，小学校の学年に1人くらいの自慢できるポイントは，それだけで自分を特徴づけるには力不足です。ただ，これが2つかけ合わされることで，$100 \times 100 = 10,000$（1万）人に1人になります。3つでは，$100 \times 100 \times 100 = 1,000,000$（100万）人に1人。もう十分オンリーワンといえる組み合わせになるでしょう。

資格にしてもキャリアにしても，自分だけの上手な組み合わせを見つけてみてください。

03 長く続けるには？　先輩インタビュー

週末士業でも，専業でも，開業したら，廃業せずに長く続けたいものです。長く・楽しく・元気に，仕事を続けるためにはどうすればよいのでしょうか。私もまだまだ6年目。先輩に聞いてみました！

INTERVIEW 1

会社員×士業，開業生活 10年で得たものとは？

稲垣 啓（税理士・診断士）（インタビュアー：林）

PROFILE

上場企業のメーカー経理部門に勤務しながら税理士・診断士としても活動。
1977年富山県生まれ。立命館大学経営学部を中退（飛び級）し，同大学院法学研究科修了（民事法専攻）。2011年9月に診断士，2020年3月に税理士登録。「稲垣経営研究所」の名で更新している note が難解な税金・経営分野を下手かわいいイラストでわかりやすく伝え，人気を集める。

——稲垣さんは，大手企業の経理部で働きながら，診断士・税理士として開業されているんですね。どれくらいになりますか？

はい。開業して10年ちょっとになります。ただ，上場企業なので，転勤があったり，子会社等に行ったり部署が変わったりもあり，所属先の環境によっては士業の活動をしていない期間もありますね。士業の週末活動を積極的に推進している所属先のときもあれば，逆にそうでない所属先もあったので。

診断士の登録が2011年9月で，それから週末診断士活動を始めました。実は，税理士は診断士より前に取得していますが，会社員として必然性がなかったの

で登録はしていませんでした。診断士として活動を始め，企業支援等をすると税金についても相談されるようになりました。

　そこで，税理士登録していないのに，税務相談をすることによる"税理士法違反"が気になり始め……コンプライアンス対応ということで税理士登録をして，週末税理士事務所を開業することにしました。会社員の税理士事務所開業は大変！！　申請書類の社長承認や勤怠資料集め等，所属先からの多大なバックアップのおかげで，開業に漕ぎ着けたというのもあります。

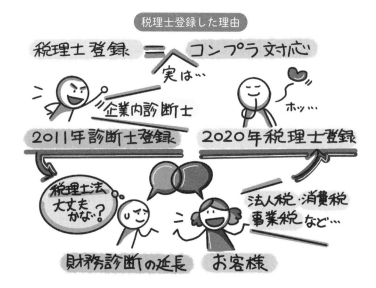

——診断士として社外で活動を始めた理由は何でしょうか？

　診断士試験って，資格を取得したらそれで終わり，ではないんですね。診断士の業界内の勉強する意欲がすごくて，合格後，プロのコンサルタントを養成するための塾に通ったりします。いわゆる「プロコン塾」ですね。

　そこに１年通って，触発されたというのもあります。新しく合格した後輩にいろいろ聞かれた時に，「実務経験ゼロ」だとちょっと面子が立たないかなと思って，活動を始めました。

──税理士を持っているのに，診断士を取得した理由は？

　経理部にいたこともあって，簿記や会計を勉強するのは必須だったんです。学生時代より試験内容が身近なものだったのもあり，税理士取得は自然な流れでした。

　もちろん取得までは大変でしたが，頑張れたのは，「お客さんと直接接する」という税理士の仕事に魅力も感じていたからです。投資家向けに仕事する公認会計士や国向けに仕事する国税専門官等と違い，お客さんに直接感謝されるのが素敵だと思ったんです。診断士取得も同様の理由ですね。

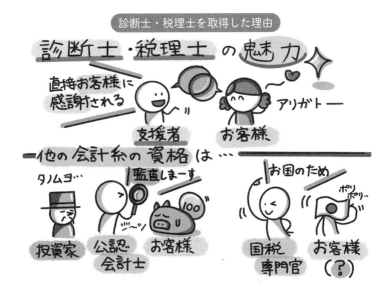

診断士・税理士を取得した理由

　先々の独立の面だけでなく，診断士の勉強内容は，企業人としてもとてもよかったと思います。経理部門として，ERP立ち上げプロジェクトに参加させてもらったり，購買部門の支援を求められたりしました。「なぜ購買部門？」と思われるかもしれませんが，購買部門は購買先の経営状況を判断する必要があるのです。その際に，診断士で勉強した内容がとても役立ちましたね。

──企業内でも診断士資格は重宝されたのですね。

　はい。上司がこういった診断士等資格に理解があって「こういう時は，診断士資格を持つ稲垣ならできるのでは」と声をかけてくれたのにも感謝していま

す。診断士資格は，視野を広げてくれました。2次試験の内容は，大手企業で行われるリーダー研修のようなものと近いですし。

　勤務先によっては，診断士としての社外活動がしにくい方もいらっしゃると思います。それでも，資格を持っていることはオープンにするほうがよいと思います。見つけることが「はぐれメタル」レベルに難しい「隠れ診断士」になってしまうのはもったいない！　もちろん，「独立するつもりなの？」と誤解されて白い目で見られることもあるかもしれませんが，見ている人はちゃんと見ていますので，気にしなくてよいと思います。

診断士資格は企業内でも役立つ！

──自己 PR は大事ですね。note 発信もその一環でしょうか？

　note を始めたのは，2019年8月からで，まだ4年程度です。イラストが受けたのか，意外な広がりを見せてくれて自分自身驚いています。

　最初は，診断士のつながりで始めました。身近にやっていらっしゃる診断士の先輩がいたので，いろいろ教えてもらいながら。

　まずは先ほどのプロコン塾のレポートを作成する際に，その内容を note に書いてみてブラッシュアップする意図でした。お金を払って受講したのに，ほったらかしにすると陳腐化してしまうのは怖いなと思ったので。

──出版社からお声も？　これからはどんな発信をされていきますか？

　そうなんです！　noteの機能を利用して，日本実業出版社から連絡が来て驚きました。半信半疑でしたが，お会いしたら本物で安心しました。出版企画書の書き方などのセミナーを受講した経験はあるのですが，商業出版が決まってからの世界はまったく初めてです。ワクワクしています。これからですが，商業出版がゴール，みたいな抜け殻になってしまうnoteアカウントもあるので，長く書いていければと思っています。

──忙しくなりそうですね。ご家族はWワークをどう思われているのでしょうか。

　うーん。診断士を取得する時も，仕事に加えて資格の大原に通っていて，合格してからも，勉強会や何やら忙しくしているので，開業当初，妻からは「また……」という感じで見られていましたね（笑）。でも今では，子どもも少し大きくなったのもあり，わりと寛容かなと思います。

　将来的には，妻と一緒に事務所ができたらいいなと考えています。今のところ会社員は続けたいと思っていますが，ゆくゆくは。妻はどう考えているかはわかりませんが……（笑）。

──ありがとうございました。

開業して16年，ずっと「仕事が楽しい」理由とは？

石下 貴大 (行政書士) (インタビュアー：林)

PROFILE

　行政書士法人 GOAL 代表，一般社団法人行政書士の学校代表理事。

　1978年栃木県生まれ。立教大学法学部卒業後，2008年5月に行政書士石下貴大事務所を開業。2014年に行政書士法人ＧＯＡＬを設立。現在，銀座，大阪，宇都宮，川崎の4拠点に展開している。

　行政書士が実務を学ぶ場が必要と思い，「行政書士の学校」を設立，年間のべ2,000人以上に行政書士業務を学ぶ場を10年以上提供しているほか，RPA や電子契約事業，補助金の検索サイト「みんなの助成金」を運営するなど行政書士×αを追求している。

　著書一覧：http://goo.gl/sLwCu2

　総合 HP：https://go-al.co.jp

——**石下先生は29歳まで司法試験受験生だったと発信されていますね。それから，行政書士になって，事務所を立ち上げ，35歳で行政書士法人化，40歳から電子契約や補助金の会社や社労士法人などをグループ化と飛ぶ鳥を落とす勢いでビジネスを拡げられています。まさに「資格で人生を変えた人」ですね。**

　おかげさまで開業して16年になります。

　仰せの通り，大学卒業後も旧司法試験を受験していました。29歳で不合格になった時，試験制度が新司法試験に切り替わりました。受験資格がなくなってしまったのですが，受験資格のためにロースクールに行くお金もありません。既にもう29歳になっていたし，「一体これからどうしよう」と思いましたね。

　自分にできることといえば，これまで勉強してきた法律の知識を活かすことしかなかったので，その年の行政書士試験を受験し，行政書士としての活動をスタートさせました。

──すぐ独立されたのですね。

　今もあまり変わりませんが，行政書士業界で人を雇用することが珍しく，求人もなかったので迷わず独立しました。

　アルバイトとの兼業期間は，実は4日ほどです。モスバーガーでアルバイトしていたのですが，その店舗が潰れてしまって。開業したのが5月1日，バイトの店舗が潰れたのが5月5日。無理やり放り出された感じですね。

　開業して「失われた20代の10年を取り戻そう」と気合十分でしたが，コネや人脈もなく，すぐに仕事は来ません。そこで，当時流行っていたアメーバブログでいろいろ発信していました（https://ameblo.jp/fc-ishige/）。他にできることがなかったので，ブログを書くことが仕事みたいな感じでしたが，コツコツ毎日更新していると，段々ランキングも上がってきて，起業したい人から声がかかるようになりました。時代がよかったのかもしれませんが，ホリエモンやサイバーエージェントの藤田晋に憧れて「起業したい」人が多かったのです。

　起業家やスタートアップの方は，共通のコミュニケーションツールが使える相手との仕事を好みます。そういった意味で，ちょうど波に乗れました。

──営業はブログ1本ですか！

　今振り返ると，同業の先輩とつながりを作って営業するとか，勉強会や交流会を主催して人脈を作るとか，いろいろリスクヘッジできたかなとは思います。ただ，当時はフリーター経験しかなかったので，他にできることが思いつかなかったのです。

　あと，副業をやっていると「専業で食えないだろ」といわれそうなのも嫌でしたね。

──行政書士は「専業こそカッコいい」という文化があるように感じますね（笑）。

　実務一本，武士は食わねど高楊枝というのがカッコいいという職人的な気質はあるように感じます。マーケティングとか，ブランディングとかいうのも，あまり好まれませんし。

　行政書士資格はあくまでも武器であって，使い方はさまざまだと思うのですが，そういったことを発言して，叩かれたこともあります。あくまでも，私が思っていることをいったにすぎないのですが……。嫌われないように心がけて

いるのですが，難しいなと思っています。

　世の中には「パン派」「コメ派」とか「猫派」「犬派」とか，絶対に折り合いがつかないこともあります。発信するときは，あくまでも「私がそう思う」だけであって，主語を大きくしないように心がけています。それでも，誤解されたり誤読されたりするのも辛いところです。

——フォロワーが増えたり，事務所が大きくなったりするほど，発言は難しくなるのはよくわかります。私も非常に気を付けて発信していますが，斜め上の反応があったりもしますし（笑）。

事務所を組織化された理由は？

　私がオールラウンダーではないので，お客様により価値のあるサービスを提供していくために，人材を確保することは重要でした。適材適所により，それぞれが得意な持ち場で活躍すれば，お客様により付加価値を提供できます。

　もちろん，1人でも大丈夫な優秀な方はいらっしゃいます。ただ，私の場合は，よくも悪くもできることが限られていたので，競争力のあるサービスを作っていくためには，チームを作っていくしかありませんでした。

　組織運営に関しては，「全体最適」とか「業務設計デザイン」とかを学び，意識して取り入れています。

——確かに，1人ではなくてチームだからこそ実現できることもありますね。人に任せられれば，執筆などの業務以外の活動もできますし。先生も著書がどんどん増えていらっしゃいますね。

　意識的に自分自身の未来をデザインすることが大事だと思っているので，自分の軸や信念を大事にしながら執筆しています。1冊本が売れると，多数の出版社から執筆依頼が来たりしますが，中長期的にどうなりたいかを考えながらテーマを取捨選択しています。自己プロデュースの1つですね。

　執筆に限らず，自分の人生観や生活観，なりたい将来像と，今の自分の行動が，ブレないように気を付けています。

　また，どんなときも「バッファーを持たせる」ことも大事ですね。面白い話があったときにすぐに動けたほうが，楽しいですから。

──バッファー，大事ですね。つい詰め込みたくなりますが……。

　私は，「成長」と「挑戦」はセットだと考えていて，成長すると，さらに引き上げてくれる人と出会って，挑戦の機会がいただけたりします。そういう挑戦の機会を逃さないためには「バッファー」がないと。

　こういった新しい挑戦により，「できなかったことができるようになる」「知らなかったことを知る」ことが私のモチベーションであり，原動力となってくれていますね。おかげさまで，16年経っても仕事には全然飽きていません！

──16年経っても仕事に飽きない！　素敵ですね。組織を長く経営する秘訣はどこにあるのでしょうか？

　実は，未来から逆算していくのが本当は苦手なんです。1人だと，場当たり的に動きたいタイプです。組織化するまでは，「1時間後に出会う人によって新しい事業になるかもしれないし，直感でやってみよう」というスタンスでやってきました。

　ただ，組織を経営する上では，場当たり的ではダメで，組織の中の人が，皆同じ方向を目指すために「どこに向かっていくのか」を示すパーパスが不可欠だと考えています。今は，パーパスを組織内に浸透させることを心がけるとともに，採用を考えて「どういう人と働きたいか」を外部に向けても発信しています。

──採用を始めた当初からそのようにされてきたのですか？

　いえ，試行錯誤からたどり着いた結論です。今までは，個性的で「面白そうな人」を採用する傾向にありました。ただ，それだと人がなかなか定着しない上，チームにならず悩みました。

　セミナー等を受講して，理念とかパーパスといわれても正直最初はピンときませんでした。ただ，「こういう事務所にしたい」といっていないのに，「何で思うようにやってくれないのか」と思うのは，あまりにも合意なき期待だなと腹落ちしましたね。それ以来，採用時も事務所のパーパスを理解してもらうことに時間をかけて，ミスマッチをなくすようにしています。

── 『最適なルートとプロセスでお客様の次の GOAL へ』ですね。このパーパスを もとに，石下先生は行政書士の範疇を越えて，新しいビジネスも手掛けていらっ しゃいますね。

　行政書士は，私の人生を変えてくれた資格です。だから，こだわってはいま すが，執着しないようにしています。

　行政書士の資格者として提案するサービスには，その単価を向上させるアッ プセルが大事ですが，違うサービスを購入してもらうクロスセルにも力を入れ ています。

　売上を上げるためには，顧客の数を増やすのが第一義になりますが，労働集 約型の仕事ですから，限界があります。だからこそ，クロスセルで別のサービ スをセットにするのは大事だと考えています。

　もちろん，業際を踏むような話ではありません。お客様に喜ばれるような， 違うサービスを考え出すことです。例えば，当事務所は産業廃棄物許可申請が 得意です。でも，お客様目線になれば，許可申請で終わらず，もっと提供がで きることがあります。例えば，weee 株式会社という別会社を立ち上げ，産業 廃棄物の契約締結が電子でできるような仕組みも作りました。無駄なコストと 労力がかかっているのを目の当たりにし，それを解消しようと思いました。

▶ weee 株式会社のホームページ

── 資格目線ではなく，お客様目線でサービスを産み出しているのですね。

　「行政書士はかくあるべき」という先入観を持ちすぎず，好奇心やチャレン ジ精神に従って行動するほうが，未来が拓けるのではと考えています。他資格 の方や，起業家の方のビジネスモデルを見て，私たちの仕事や人生に取り入れ てみたらどうなるかを考えたりするのは楽しいですね。

行政書士に限らず，モデルケースや成功例は1つではないと考えています。「こうなりたい」と皆が成功例と挙げるような方が，実は全然幸せでなかったりすることはよくありますよね。

　それよりは，自分自身を見極めて，向いていそうな範囲で活躍している人に近づけていくほうが，成功が近いのかなと思います。だから，大きな主語で「べき論」をいう人はちょっと苦手ですね。

――モデルケースや成功例は1つではないというのは共感です。資格の額縁に納まる必要はありませんね。

　もちろん，国家資格の保有者としての責任や使命感はありますが。ただ，お客様が求めるものが，必ずしも資格の範疇に納まるわけではないですからね。

――Twitter（現X）等拝見していると，ご家族との時間も大事にされているようですね。

　自分が大事だと思うことには欲張りです。家族も仕事もどちらも大事で，だからこそ，公園で子どもとブランコで遊びながら仕事の電話をしたりすることになっているのですが……。家族との時間も仕事も大事にしたいので，オンオフは不可分になっています。それも含めて私の人生設計，人生デザインかなと。

　今はまだ子どもが小さいので，「今しかべったり一緒にいられない」という気持ちもありますが，子どもの将来の選択肢を広げるためには今頑張るしかないっていうのもあります。

――私もご飯を食べながら仕事をしているようなこと，表には見せませんが実はありますね……。

　ただ，忙しくても，子どもには，仕事を楽しんでいる姿を見せたいと思っています。自分で主体的に考えることの大切さや，頑張ったら成長できることも伝えられたらいいですね。

――最後に，これから開業する人にメッセージをお願いします。

　今は，開業に関する情報が溢れています，だからこそ，先入観・固定観念を持ちすぎないことが大事だと思います。

時代も仕事の仕方もどんどん変わります。最近出てきた ChatGPT も然り，過去の中に正解がないことが多いでしょう。

　情報処理能力を磨き，未来志向で仮説を立ててとにかくやってみるのが大事だと思います。これからは，PDCA の前に Learn とかリスキリングが入ってきます。主体的に考えて動かないとゆでガエルになりかねません。

　逆にいえば，それができる人は，後発でも結果が出ます。私の開業したころは，「上手くいっている人の真似をする」のが定説でしたが，これからは二番煎じというよりは，プラスアルファを意識していくべきでしょう。大変だと思いますが，そのぶん楽しいはずです。

　時代が変わっても，世の中の「不」はなくなりません。そのお客さんの「不」を満たすのがビジネスです。「昔はよかった」とか，時代のせいにするのはナンセンスです。時代の流れを汲み取り，柔軟に対応していく未来思考が大事だと思います。

──ありがとうございました。

阪神淡路大震災をきっかけに開業，出産・育児を経て27年続けられる秘訣とは？

大輪 有加子 (社労士)（インタビュアー：林）

PROFILE

大輪有加子社会保険労務士事務所代表。大阪府社会保険労務士会所属。
1997年1月社会保険労務士登録・開業。
2007年特定社会保険労務士付記。

——**阪神淡路大震災がきっかけで社労士を目指されたと聞きました。**

　新卒で大手証券会社に就職しました。その後，神戸にある創業企業で働いていましたが，さらに地方公共団体への転職準備をしていました。その採用試験の最終面接日は1995年1月17日でした。

　面接への緊張からあまりよく眠れず，早朝に目覚めた直後に大きな揺れで飛び起きました。阪神淡路大震災です。当時，兵庫県在住だった私は最終面接に歩いて行きました。行ってみると，そこは災害対策本部になっていました。公的な機関だったので当然ですね。「面接は延期」といわれ帰宅しました。

——**神戸のほうは被害がそれほどでもなかったのでしょうか。**

　いいえ。早朝に必死で面接場所に向かったので理解できていませんでしたが，我に返ると，周囲は瓦礫の山，被害は甚大でした。

　あわてて勤務先に連絡しました。幸い全員無事でしたが，それからの復興に向けて大変でした。営業再開までに3カ月程度かかりました。

　その時，事業の継続と，働く人の安全と安心はかけがえのないものだと思い知りました。

そして，そこを支える側の人間になりたいと思うようになりました。

そう考えていた時，社労士という資格を知り，目指すことを決めました。

面接予定だった地方公共団体からは，再度，最終面接の連絡をもらいましたが「人生観が変わってしまった」と感じ，お断りしました。

——すぐに合格された？

生きていることに感謝しましたし，全力で生きよという人生観になりました。だからこそ勉強できることがありがたく，力の限りやりました。おかげで，1年後に合格することができました。27歳のときです。

——合格後はどうされましたか？　今よりさらに社労士の知名度は低かったと思いますが……。

若かったので，「コネなし」「金なし」「営業経験なし」でしたが，名刺をもって挨拶まわりをすれば何とかなるのではないかと楽観的でした。当時は公的助成金を扱う社労士はあまりいませんでした。就職情報誌の事業会社で担当した転職時の社会保険関係の監修記事を持ってプレゼンしていけば，顧客を獲得できると考えていました。

現実は甘くなかったですね。「大輪さん，こんなのビジネスになるんですか」という言葉を浴びました。

——その後，再び会社員に戻られ，副業として社労士をされていたそうですね。

はい。「社労士が本当にビジネスになるのか」と問うてきた経営者は，就業規則や人事制度が整う先進的な企業経営をしていました。驚くべきことに，その経営者は「開業していてもよいのでウチで働きませんか」と仰ってくださったのです。

「社労士として軌道に乗れば辞めますがいいのですか」と聞きましたが，経営者の回答は「もちろん」でした。これから私の副業士業生活が始まりました。

副業をしている人などほとんどいない時代に，こうしたオファーをいただけたのは，非常に幸運なことでしたし，その経営者の考え方がやはり先進的だったと思います。

後に，「なぜ開業している私を雇用という形で支援してくれたのですか」と

お聞きしましたが，その経営者は，「自分はベテラン経営者。だからこそ新人経営者のスタートを応援するのは当然」とのことでした。今は勇退されていますが，人間味のある経営者でしたね。

——若い人を応援したくて，というのは男気がありますね。大輪先生を見込まれたのだとは思いますが。

　ただ，新たに社員となった会社は，社労士業務とは全然関係ありませんでした。社労士としてのクライアントが増えることはなく，焦りが募りました。

　新しい公的制度や法改正の都度，その経営者に提案しましたが，改めて「こんなの仕事になるの？」と問われました。

　そこで，「当社が先進企業なのであって，他企業はそうでもないと思います。知り合いの経営者に聞いてもらえませんか」と願い出たところ，社長が同業他社を紹介してくれました。

　提案に訪問してみると，「ぜひお願いしたい」という経営者が多く，1カ月で5件の顧問契約を結ぶことができました。それから，案件が増えて副業ができる状況でなくなり退職しました。雇用しながら副業を支援してくれた経営者には感謝しかありません。

——それから完全独立されて順調に？

　おかげさまで，事務所運営は順調でした。一方，私は課題を抱えていました。

　それは，「出産」です。すでに結婚していましたが，それまでの時代は，育児休業もまだ定着しておらず，大企業でさえ「女性はキャリアか出産か」という二者択一が主流でした。個人事業主になり，さらに出産に踏み切れないまま，時だけが経過しました。

——働く女性にとって，簡単なことではありませんね。

　37歳になり，開業10年で社労士業も軌道に乗ったころに漸く決心しました。高齢出産で，顧問先には，産後休業の話を切り出しました。勇気がいりました。すると，皆さんが「待っていますよ」と仰ってくださいました。ほっとしました。顧問社労士を変えた方はいませんでした。ありがたかったです。

――個人事業主だと，出産・育児休業に限らず，長期休暇をとることは大変ですね
　……。

　はい。私は育児休業を取らず，産後休業（産後8週）だけで乗り切りました。
そして，子どもが1歳で保育園に預けられるようになるまでは，事務所にベビー
ベッドを置いて，子育て経験のある職員に助けてもらいながら，子育てしまし
た。高齢出産だったので体力的には厳しかったです。後進にはすすめたくあり
ません。

――職員さんも理解があったのですね。

　幸い子育て経験者が多かったので，「おたがいさま」と協力してくれました。
開業後10年経過していたので，仕事を任せられる職員が育っていたのもよかっ
たです。

――子育てをしながら，社労士を続けられて，どうすれば長く働けますか。

　私の場合，結果として今があるのであって，戦略や秘訣があるわけではあり
ません。経営者にスカウトされて副業を開始した時のように，ご縁を大事にし，
ご依頼いただいた仕事はすべて誠実にお引き受けしているので，長く続いてい
るのかなと思います。「お役に立てるのであればぜひ」というスタンスの積み
重ねです。これから先もお役に立てるのであれば，継続していきたいと考えて
います。

　実は，27歳で開業した時，「社労士として半世紀がんばろう」と誓いを立て
たんです。その当時は，半世紀も現役なんて非現実的と笑われました。仕事は
タフであっても睡眠時間をしっかりとるなど健康に気をつけて，実現できると
いいなと考えています。男女問わず，人生を重ねると，体調の変化もあるので，
柔軟な働き方を自分でデザインできるのは，士業のメリットだと思います。

――リフレッシュなどは，どうされていますか？

　コロナ禍が収まりつつあるので，そろそろ再開しますが，海外旅行や美術館めぐりが好きです。オンオフをしっかり切り替えて，自分の時間をしっかり作るのも長く続く秘訣だと思います。

▶最近行った沖縄旅行。23年ぶりにかけだし時代の社労士仲間（加藤京子先生）とも再会！

――オンオフの切り替えは大事ですね。ありがとうございました。

PART Ⅱ

先輩に聞く！

副業開業
準備ノウハウ

編著：ado

PART Ⅱでは，副業開業歴 1 年の ado が副業開業経験者にアンケートしました。さらに事務所名やブランディングについて，弁理士・ネーミングプロデューサーの山田龍也先生に聞きました。

adoプロフィール：大学卒業後，大手流通関係の企業に入社。10年以上複数の大型施設立ち上げプロジェクトの推進に携わる。2022年より社会保険労務士として副業開業中。30代後半。2023年 8 月より「社労士の GAKKO!」運営中。

01 副業開業経験者に聞く10の質問

はじめまして。流通業界で働きながら副業開業歴1年の ado です。人脈を広げるのが得意で，オフ会等もよくやっています。
副業開業をしていると，壁に当たることも多々ありますね！ 会社の人や家族に相談するわけにはいかないし（しても意味がないし），でモヤモヤすることもあるかもしれません。ここでは，フォロワーさん等に協力してもらい，約200名の方にアンケートを取りました。お役に立てれば幸いです。

はじめに

　しくみか社労士® として活動している社労士の ado です。現在，流通関係の業界で会社員として働きながら，社労士事務所を開業して1年になります。

　主にやっているのは，労務相談や，業務フロー改善の仕事です。デジタルを使った「しくみか」で多様な働き方に対応させ，働き方改革の推進をしています。

　人脈を広げるのが得意で，「士業の開業体験記」を毎週日曜夜に Twitter（現 X）のスペースで開催し，多くの開業士業の方に出てもらい開業時の経緯を発信しています。また，「シャロスタ」という社労士受験生向けオンラインサロン運営をしており，社労士受験のモチベーション向上に役立ててもらっています。さまざまな士業同士で協力関係を築けるように，士業開業者の交流オフ会もよく主催します。

　働きながら士業開業をしていると，いろいろな壁にぶち当たります。「こんなとき，周りの皆はどうやっているの？」と気になることがあります。そこで，アンケートで200人超の方にご回答いただきました。本アンケートが，これから士業開業を考える方の，お役に立てば幸いです。

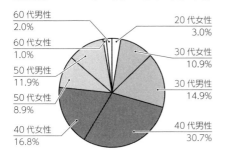
副業開業をしている（いた）方の回答時の年齢と性別

- 60代男性 2.0%
- 60代女性 1.0%
- 50代男性 11.9%
- 50代女性 8.9%
- 40代女性 16.8%
- 20代女性 3.0%
- 30代女性 10.9%
- 30代男性 14.9%
- 40代男性 30.7%

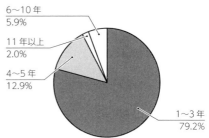
副業開業歴

- 6～10年 5.9%
- 11年以上 2.0%
- 4～5年 12.9%
- 1～3年 79.2%

年齢層は30代から50代がメインです。副業開業歴は3年以内の方が多いです。

Q1 働きながら開業をしたきっかけは？

アンケートの結果をランキングすると以下の通りです。

1位	お金のため（33.5%）
2位	自己啓発（27.7%）
3位	社会貢献（16.1%）
4位	お客様からのリクエスト（3.9%）
4位	独立開業の準備（3.9%）

　最も多くの人が「お金のため」に副業開業を開始しており，副収入を得ることで夢や目標を実現するための糧として活用していることがうかがえます。また，「自己啓発のため」や「社会貢献のため」を挙げる回答者も多く，自分自身の成長や社会への貢献を求める情熱が感じられます。副業開業を通じて新たなスキルや知識を身につけ，人生をより豊かで充実したものにしようという意欲が強く表れています。

 ### 40歳で病気になる設定で副業開始

　私の場合は，お金のためと社会貢献のために副業を選びました。私の価値観は幼少期に父が病気で他界した影響を大きく受けています。父は40歳で病気になり，働きにくい身体になりました。そして，病気になったのは働きすぎが

原因でした。私は自分も40歳になった時に病気になる想定で人生設計をしています。働きにくい身体になっても稼げるスキルを持つために，社労士を目指し開業しました。そして，社労士として働きすぎによる健康被害を防ぎ，日本の労働環境改善に貢献したいと考えています。また，社会貢献として，特に日本の女性労働者の所得改善に注力したいです。父が亡くなった後，母はパートで働いていましたが，男性と同じ働き方でも報酬が少ない時代でした。女性と男性の賃金格差は改善されつつありますが，まだまだ大きな差が存在しています。このような社会問題にも貢献していきたいと思っています。

Q2 収入は，本業と比べてどうですか。使い道は？

　副業開業での収入は，多くの人が「本業より少ない」と回答しています。一部の人は「本業と同等」や「本業より多い」と回答していますが，全体としては副業収入が本業収入を上回るケースは少ないようです。

　本業の仕事に影響を与えない範囲で行われるため，収入が本業よりも少ないことが一般的なのでしょう。しかし，副業開業の収入が本業と同等や本業より多いケースも存在し，副業開業のスキルや経験によっては十分に収益を上げることができるようです。副業開業を通じて自己成長やスキルアップを図ることができれば，将来的に本業や副業開業の収入を向上させることが可能です。副業開業の目的や取り組み方によって，収入面での成果も大きく変わることが考えられます。

 時間比例の仕事は厳しい！

　私の場合は，本業より少ないです。開業してまだ1年未満なので大した収入はありません。多くの時間をかけないと多くの売上を稼げない仕事だと，本業の収入と同じように稼ぐのは難しいと考えています。多く稼ぎたいのであれば時間に比例しない収入を得ることができる仕事選びが重要です。副業開業を開始した初めの頃は，わずかな収入でも非常に嬉しいものです。

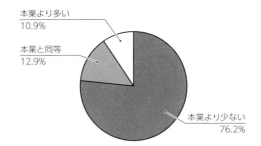

副業開業での収入は、本業と比べてどうですか？
（又はどうでしたか？）

本業より多い
10.9%

本業と同等
12.9%

本業より少ない
76.2%

　使い道については，以下の通りです。多くの人が貯金や生活費に使っていることがわかります。また，娯楽，金融投資や自己啓発，自己投資（セミナーや書籍の購入など）にも使っている人がいます。その他，副業を本業にするための投資や開業資金の準備，事業運営や改良にあてる人もいらっしゃいます。

1位 貯金（25.3%）

2位 生活費（24.3%）

3位 娯楽（17.3%）

4位 自己投資（12.0%）

5位 経費（9.3%）

6位 金融投資（6.7%）

7位 開業準備金（3.3%）

 全額自己投資に！

　私の場合は，全額を自己投資に回しています。人事の学校に入学したり，会計の勉強会に参加したりしています。社労士は経営者を支える立場にあるので，経営者と同じ目線でコミュニケーションを図るために，経営スキルの習得が必要と考えています。

Q3　開業で不安だったことは？

　副業開業を始める前に感じる不安や悩みは皆さんどのようなものでしょうか。

1位	時間（49.3%）：副業と本業の両立や家庭とのバランスが難しいと感じる人が多いです。
2位	お金（26.5%）：開業資金や運営費用に対する不安がある人もいます。
3位	本業との関わり（8.1%）：会社や同僚に副業がバレることに対する不安があります。
3位	経験不足（8.1%）：自分のスキルや経験が十分かどうか，どのように進めていくべきかわからないという不安があります。また，顧客がつくかどうかや，事業が軌道に乗るかどうかの不安がある人もいます。

　副業開業を始める前の不安や悩みを解消するためには，まず自分の目標や価値観を明確にし，時間管理やプライオリティの設定を行うといいと思います。また，経験不足や自信の欠如に対しては，継続的な自己啓発や学びを行うことが重要です。顧客開拓や事業の成功については，マーケティング戦略やネットワークの構築に努めることが役立ちますよ！

 悩む前に動く！

　私の場合は，時間管理が課題でした。本業では残業が多く，副業の顧客対応が難しいと感じていました。また，社労士として開業する際に実務経験が不足していることも不安要素でした。顧客を獲得できるのか，獲得できたとしても適切な対応ができるのか，そして月々の社労士の会費を支払えるのかなど不安がたくさんありました。開業する意義があるのかという疑問も抱き，開業のタイミングには非常に悩みました。結果的に，社労士の資格取得後最短のタイミングで開業することを決断しました。現在の悩みは開業前の悩みとはまったく違います。悩んでいる時間がもったいないので，リスクの少ない副業開業を試してみることをおススメします。

Q4　いつ・どれくらい士業としての仕事をしていますか？

　本業がある日に副業を行う時間帯は，個々の状況によって異なりますが，今回のアンケートでは次の順に多いです。

1位	夜中（39.3%）
2位	早朝（23.0%）

　本業に支障が出ないように注意が必要です。副業の時間帯は，個人の生活スタイルや本業の仕事内容によって異なるため，自分に合った時間帯で副業を行うことが重要です。ちなみに，本業に支障があったかどうかを聞いたところ，「いいえ」が54.5％と多かったものの，24.8％の方が副業と本業の時間や予定が重なることがあり，調整が困難なことを経験しています。本業とのバランスを考慮し，自分に適した仕事内容を選ぶことが重要です。

 朝派！

　私の場合は，主に早朝に副業を行っています。なぜなら，朝は確実に時間を確保できるからです。社労士の受験生時代も，主要な勉強時間は朝に設定していました。その空いた時間を副業の時間として活用しています。

　ちなみに，1日あたりの仕事量は以下の通りでした。

1位	1時間超2時間以下 / 日（33.7%）
2位	3時間超 / 日（23.8%）
3位	1時間以下 / 日（22.8%）
4位	2時間超3時間以下 / 日（16.8%）

　時期や内容により異なると思いますが，1日あたり1～3時間程度の仕事量をこなしていることがわかります。ちなみに，士業の仕事を本業のない週末でする方は50.5％以上もいました。

 平日2時間，休みはほとんど費す

　私の場合は，平日は2時間ほど副業の時間を確保しています。本業と生活の時間以外はほとんど副業の時間にあてています。土日祝日はほぼ1日副業をしています。

Q5 時間管理に苦労したことは？

　苦労していないという猛者が29.7％もいました。これは，本業と副業のバランスの設計がよかったのかと思います。苦労した人の意見では，以下のようなものがありました。悲鳴のような声もあります。時間は有限なので，工夫だけではどうにもならない面もありそうですね。

・本業の仕事が忙しく残業も多いので副業にあてる時間が限られた。
・週末の時間がつぶれ，家族との時間が少なくなった。
・本業・副業・家庭の三つ巴で予定が被ることがあった。
・夜遅くまで家事や仕事をして睡眠不足になった。
・とにかく時間がないので他のことを後回しに（家族や友人，恋人を蔑ろに）。
・副業 vs 育児の時間管理に苦労。夕方に「ママちょっと仕事してくるから〜」と言うと子供たちから露骨に嫌がられ，仕事しない日でも「今日は仕事ない？今日は一緒に寝られる？」と聞かれるなど罪悪感を植え付けられる。
・面談，銀行手続き等，平日に動ける時間が限られること。平日日中に打ち合わせが必要なとき，官公署への書類の提出（平日のため）には困った。
・会社の仕事ではない業務は休暇を取らないといけないので休める日がなくなった。等々

 ### 時間確保に苦戦……

　私も，本業の繁忙期と重なり，副業の時間確保がなかなか難しいことがあります。本業は判断業務が多く，家に帰っても考え事をしてしまうため，副業に切り替えるのがなかなか難しいです。幸いにも独身のため家庭の時間を確保する必要はありませんが，結婚や子育てをしながら副業をされている方は本当に素晴らしいと思います。

　士業の場合，顧客とのコミュニケーションなど，平日の日中に副業の時間を確保したい仕事が多いと思います。時間管理を攻略するためには，チームで対応するなど，自分が対応できない時に対応できる仕組みを構築することが重要です。

Q6 クライアントとのコミュニケーションには何を使っていますか？

メインコミュニケーション方法は，以下の順でした。

1位 メール（42.6％）

2位 チャット（28.7％）

3位 面談（18.6％）

4位 電話（5.0％）

5位 その他（オンライン会議ツール，LINE，来店時の接客など）（3.0％）

メールが最も一般的なコミュニケーション方法のようです。30代以下ではチャットがメインのコミュニケーション方法という方が多かったです。これからはメールとチャットの比率が逆転しそうです。

 ### チャット＋オンライン会議がメイン！

私の場合は，チャットとオンライン会議ツールを使っています。基本的に対面でお会いすることはほとんどありませんし，必要に迫られたことも今のところありません。コロナ禍によりオンラインでコミュニケーションをとることが世の中に浸透しました。これは副業開業を行うにあたっては追い風でした。対面ではなくても信頼関係を築くことができますし，副業しやすい環境だと感じています。

Q7 副業を始めるにあたり障害はありましたか？

多くの人（44.6％）が，副業OKな会社で，上司や同僚に伝えた上で始めているようです。一方で，周囲に副業をする人がいない，内緒のほうが都合がよいということで，オープンにしていない方もいました。

ちなみに，家族やパートナーから反対されませんでしたか？　という問いに対しては，88.7％が「いいえ」でした。反対された人は，健康面での懸念や，家族との時間が少なくなることを危惧されたようです。

身体・心の健康が第一！

　私の場合は，本業の知り合いで副業開業をしている人が多くはありませんでした。私が知っている中でも全国に数人だけです。副業開業の申請をどのようにすればいいか，どうすれば受け入れてもらいやすいかの情報を集めるのは困難でした。まだ，副業開業をしているとあまりよい目で見られない風潮があると感じています。結果として，副業開業をしていることを周囲に公言するメリットはほとんどないと考えています。健康面でも心配はありました。常にパソコンと向かい合った一日を過ごすことになっています。身体と心のどちらも健全に保つことが最重要課題になっています。

　逆に副業をしていない方に「やらない理由」を聞いたところ，以下が挙がりました。

・会社の方針や規定により副業が認められていない。
・本業が忙しく，副業に時間を割くことが難しい。
・自分には副業に適したスキルや特技がないと感じている。
・副業を始める方法や具体的なプランがわからない。
・家庭や育児との両立が難しい。

　また，「稼いだお金の確定申告が大変そう」「本業の上司や同僚から不評を買いそう」「自由な時間が減る」と思っている方が大半でした。一方で，「新しいことに挑戦できそう」「キャリアアップのために有効そう」というイメージを持っている方もいるようです。「副業開業を始めてみたいが，はじめ方がわからない」という方も多くいました。

Q8 将来的に本業を辞めますか？

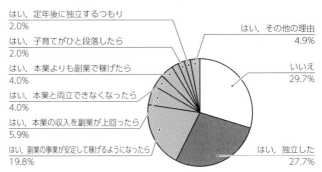

副業開業をすることで、将来的に独立を考えていますか？
（又は独立しましたか？）

- はい，定年後に独立するつもり 2.0%
- はい，子育てがひと段落したら 2.0%
- はい，本業よりも副業で稼げたら 4.0%
- はい，本業と両立できなくなったら 4.0%
- はい，本業の収入を副業が上回ったら 5.9%
- はい，副業の事業が安定して稼げるようになったら 19.8%
- はい，その他の理由 4.9%
- いいえ 29.7%
- はい，独立した 27.7%

　副業開業をしている人は独立を考えている割合が高いようです。独立を考えている場合の独立のタイミングは，本業の収入を副業が上回ったとき，仕事の受注が安定したとき，子育てがひと段落したとき，本業の会社の将来に限界を感じたときなど，さまざまです。

　一方で，独立を考えていない人も多く，副業を継続しながら現在の仕事に従事することを選択しています。状況や目標によって，副業開業から独立を検討する必要が生じてきます。

　ちなみに，副業開業をすることで本業の仕事に対する意欲が上がると感じる人が多いようです。副業で得た経験や知識が本業に活かせたり，視野が広がったり，副業が本業と関連していたりすることで，本業に対するモチベーションが上がることがあるようです。また，副業が楽しくて仕事全体の意欲が上がったり，副業で自己実現ができていることで本業にも前向きになれるという意見もありました。

 目標は40歳！

　私は，40歳で本業を自由に辞めることができる状態を作りたいと考えていますが，現時点では本業において充実感を感じながら働いているため，辞める予定はありません。副業開業を通じて得たスキルや経験は，本業でも活かすこ

とができます。また，本業の経験も副業に活かせるため，双方を両立させながらキャリアを形成していくことが現時点での最善の道だと考えています。副業開業の売上が本業の年収を上回った時に，独立を検討する予定です。

Q9 得られたメリットを教えて下さい。

副業開業者が挙げたメリットは以下の通りでした。

1位 スキルアップ（34.0%）：新しいスキルを身につけることができ，本業でも活かせた。

2位 人脈（29.7%）：本業では出会えない多くの人と出会い，交流が広がった。

3位 お金（24.2%）：副業からの収入が増えることで，経済的に安定し，余裕ができた。

4位 時間（3.9%）：副業を通じて時間管理が向上し，時間の使い方が変わった。

その他，「自己肯定感が上がった」「本業で何か有事があっても副業を持つことで，何もないよりはなんとかなるという心のゆとりを持てた」「人間関係の範囲が広がり，コミュニケーションの取り方が向上した」という声がありました。

 ### 人脈ができたのは大きい！

私の場合は，人脈が大きなメリットでした。副業開業を始めることで，本業では巡り会うことのなかった方々とお会いする機会が増え，自分自身では実現できなかった出版やセミナーの開催などにつながりました。会社の名前という看板がなければ，ただの一個人の存在です。開業をして自分を知っていただくことで交流が広がり，新たなチャンスが生まれることを実感しました。副業開業を始めてよかったと感じていますし，後悔はしていません。

Q10 働きながらの士業開業を成功させるには？

アンケート結果をまとめると，以下の点がポイントとなりました。

1 **会社の方針や規定を理解し，遵守する。**
　・就業規則や労働契約を確認し，副業が許可されているかどうかを確認する。
　・勤務先に副業の申請が必要な場合は，適切な手続きを行う。

2 **自分のスキルや知識を活かした副業を選ぶ。**
　・既存の資格やスキルを活用して，副業として提供できるサービスや商品を
　　考える。
　・新たなスキルや知識を身に付けることで，副業の幅を広げる。

3 **副業の計画を立てる。**
　・副業でどのようなサービスや商品を提供するか，具体的なアイデアを練る。
　・営業方法や顧客獲得の戦略を検討し，実行可能なプランを作成する。
　・開業に必要な資金や場所を確保し，リスク管理のための対策を考える。

4 **本業と副業のバランスを保つ。**
　・本業の業務に影響を与えないよう，副業にあてる時間を効果的に管理する。
　・家庭や育児との両立が可能なスケジュールを作成し，時間の配分を考慮する。

5 **副業の成長を目指す。**
　・副業の状況を定期的に評価し，改善や拡大の方法を検討する。
　・顧客からのフィードバックや市場の動向に応じて，サービスや商品を更新・
　　改善する。

 ### プロに頼るのも大事！

　私が考える副業開業成功のコツは，自分の目標や状況に応じた戦略を立て，コツコツと努力を重ねることだと思います。そして，不安や疑問がある場合は，経験者や専門家からアドバイスを求める，人に頼ることだと思います。

02 もし会社が副業禁止だったら？

社労士として，adoがまとめます（社労士の方は，周知のことなので読み飛ばしていただいても大丈夫です！）

■ まず，「副業禁止」かどうかをどう確認するのか？

　勤めている会社で副業禁止かどうかを確認するためには，就業規則もしくは社内規定を確認してください。副業が認められている場合は下記のような記載になっています。

（副業・兼業）

第○条　労働者は，勤務時間外において，他の会社等の業務に従事することができる。

2　会社は，労働者からの前項の業務に従事する旨の届出に基づき，当該労働者が当該業務に従事することにより次の各号のいずれかに該当する場合には，これを禁止又は制限することができる。

① 労務提供上の支障がある場合

② 企業秘密が漏洩する場合

③ 会社の名誉や信用を損なう行為や，信頼関係を破壊する行為がある場合

④ 競業により，企業の利益を害する場合

　2017年3月28日に働き方改革実現会議において決定された「働き方改革実行計画」で副業・兼業が普及促進されることになりました。そのため，2018年1月31日に厚生労働省のモデル就業規則は副業・兼業が認められる規定に修正されました。

　2018年までは厚生労働省のモデル就業規則が「副業は原則禁止」だったため，就業規則が古い場合は，下記のように副業禁止と記載されている可能性が高いです。

　ただし，この場合でも許可されれば副業が認められます。

　また，就業規則や規定に何も記載がない場合は，人事部門に確認する必要があります。なお，他の会社に労働者として雇用される「雇用型」の副業は認められない一方で，個人事業主などの雇用されない「非雇用型」の副業は認められる事例はいくつかあります。

　人事部門に確認する場合はリスクも伴います。副業が断固として禁止の会社だと，人事部門に確認を入れただけで，「副業しているかもしれない人」としてリスト化されるところもあるようです。この場合，査定や昇格に不利になる可能性があります。会社の方針を調べてから人事部門に確認するようにしましょう。

◾　何が副業にあたるのか？

　副業の定義は法律で厳密に決められたものはありません。

　本業を持つ会社員がそれ以外の仕事で収入を得ることが一般的に「副業」といわれています。前述の通り，副業は大きく2種類に分かれます。他の会社に労働者として雇用される「雇用型」と，個人事業主などの雇用されない「非雇用型」があります。「雇用型」は他社から給与を得ることになるので，副業になります。「非雇用型」は事業として認められる所得の場合は副業になりますが，事業用ではない生活用に使用していた資産を売った場合の所得は事業とは認められないことが多いです。

　事業として認められる所得とはどういう意味なのでしょうか。最高裁判所の判例として下記の内容があります。

事業所得とは，自己の計算と危険において独立して営まれ，営利性，有償性を有し，かつ反覆継続して遂行する意思と社会的地位とが客観的に認められる業務から生ずる所得

引用：最高裁判所判例集「最高裁第二小法廷昭和56年4月24日（所得税更正決定処分取消）」｜裁判所ホームページ

　例えば，コミックマーケットで同人誌を販売した所得や，フリマアプリで販売した所得が事業にあたるかどうかは個別に判断されることになります。

◼ なぜ副業禁止の会社が多いのか？

　そもそも，なぜ副業が禁止なのかを考えます。多くの理由は，会社にとって労働時間管理が複雑になるからです。「雇用型」の副業の場合，副業の労働時間と本業の労働時間は通算されます。下記は労働基準法38条です。

> （時間計算）
> 第三十八条　労働時間は，事業場を異にする場合においても，労働時間に関する規定の適用については通算する。

　1日の法定労働時間は8時間であり，これを超える労働時間は割増賃金が発生する法定外労働時間となります。例を挙げると，法定外労働時間の上限は月45時間です。もし，労働者Aさんの月の本業の法定外労働時間が30時間で，副業で20時間だった場合，Aさんの月の法定外労働時間は50時間になり，上限を超えてしまいます。

　このように労働者の労働時間が適正かどうか「副業の労働時間を確認する」必要があるため，本業の会社の手間が増えることになります。そのため，副業を禁止にする会社が多いです。

　厚生労働省のガイドラインでは「労働時間以外の時間をどのように利用するかは，基本的には労働者の自由である」としています。例外的に，労働者の副業・兼業を禁止又は制限することができるとされた場合としては下記になります。

> ① 労務提供上の支障がある場合
> ② 業務上の秘密が漏洩する場合

③ 競業により自社の利益が害される場合

④ 自社の名誉や信用を損なう行為や信頼関係を破壊する行為がある場合

　上記①〜④に該当しない「非雇用型」の副業だと会社のリスクは少ないため，副業が認められやすくなります。

※企業や働く方向けのガイドライン（厚生労働省）

https://www.mhlw.go.jp/stf/seisakunitsuite/bunya/0000192188.html

■　副業していることを会社に報告しないとクビ？

　会社に副業をしていることを報告しなかったとしても簡単には懲戒処分にできません。下記が副業・兼業の促進に関するガイドラインに記載されている内容です。

> オ　副業・兼業の禁止又は制限
>
> （イ）なお，副業・兼業に関する裁判例においては，就業規則において労働者が副業・兼業を行う際に許可等の手続を求め，これへの違反を懲戒事由としている場合において，形式的に就業規則の規定に抵触したとしても，職場秩序に影響せず，使用者に対する労務提供に支障を生ぜしめない程度・態様のものは，禁止違反に当たらないとし，懲戒処分を認めていない。

　しかし，懲戒処分されないからといって，就業規則に反することはすすめません。就業規則に記載の通りの手続きをするようにしましょう。

　※懲戒処分とは，企業が従業員の企業秩序違反行為に対して科す制裁です。企業には従業員に懲戒処分を科す「懲戒権」があるとされ，就業規則で定められていることが通常です。

■ 副業開業は会社にバレる？

①インボイス登録

インボイス登録をしたら会社にバレるのではないかという噂があります。現行の国税庁のサイトでは登録番号でしか検索できないようになっており，氏名で検索ができません。つまり，インボイス登録をしただけでは会社に副業バレするリスクは少ないです。

②マイナンバー

マイナンバーはすべての収入が行政側で把握できるように施行された制度です。マイナンバーに紐づけられた収入等の情報を見ることができるのは税務署等の公的機関だけになります。会社側から個人の収入を把握することができないため，マイナンバーでは会社に副業バレするリスクは少ないです。

③会社に対する住民税のお知らせ

副業分の住民税が給与から控除される場合は住民税の金額でバレる可能性があります。確定申告時に「住民税に関する事項」の徴収方法で，「自分で納付」にチェックすることで会社に副業バレするリスクは少なくなります。

 **結局何でバレる？**

　自分の口から同僚等に話をしてしまうことがほとんどです。お酒の席や，副業がうまくいっているときなど，気持ちが大きくなるもの。ここだけの話のつもりが，人事に伝わりバレることがあります。

■　副業について，会社と交渉しようと思ったら……

　前述の通り会社が気にしている点は下記になります。こちらの内容を意識して会社に副業を認めてもらうよう交渉すれば，成功の可能性は上がると思います。

①　労務提供上の支障がないことを証明する

②　業務上の秘密が漏洩する事業ではないと証明する

③　競業により会社の利益が害されないことを証明する

④　自社の名誉や信用を損なう行為や信頼関係を破壊する行為がないことを証明する

⑤　労働時間が通算されない「非雇用型」である副業を選ぶ

■　おわりに──「手前」までの準備はいくらでもできることがある

　今副業解禁の会社は増加傾向です。もし副業禁止の会社だったとしてもいずれ副業解禁になる可能性が高いです。そのときのために今から準備しておけることがあります。それは，無料からスモール事業をスタートさせればいいのです。収入が発生しなければ副業にはあたりません。無料の事業でファンを増やしておいて，副業解禁とともにお金をいただく方法です。副業解禁になったときに見込み顧客がいるというのは，副業成功の近道になります。

① 自分の価値観の洗い出し

　そもそもどうして副業したいのかを事業を始める前に考えておきましょう。何を目的に副業をやるのかによって，事業の規模や方向性が大きく決まります。副業はプライベートの時間も削られますし，なかなか成果も出ないです。資格勉強も同じように，目的がはっきりしないと勉強を「継続」するのは難しいです。副業は体力的にも精神的にも厳しいですが，最初にしっかり自分の価値観を決めることができれば，継続して努力し続けることができるようになります。

② 何を売るかではなく誰に売るかを考える

　副業を始めるときに「何を売るか」から考えてしまいやすいです。まず考えるべきは，「誰に売るか」です。「何を売るか」は「誰に売るか」によって変わります。売るものを先行して考えると，誰の課題解決にもなっていない商品が出来上がってしまうリスクがあります。例えば，自分自身が実際に困ってきたことは，同じように困っている方がいるはずです。そのような方々をまずはターゲットととらえ，その方々の課題解決に向けて自分は何ができるかと考えるとよい商品ができると思います。

③ No.1 になれるものを考える

　士業として開業するならば，多くの場合は商品＝自分になります。そして資格だけで考えると同じ資格保持者は何万人と日本にはいるはずです。この中から新参者かつ，副業というマイナスのアドバンテージがある自分を選んでいただくには，同じ土俵で競っても勝てません。他の方には負けないNo.1が必要です。No.1とは日本で1番高い富士山の頂上を目指すということではなく，低い山でもいいからその中で1番になれればいいのです。

　例えば「レンタルなんもしない人」は「何もしないという職業」の先駆者となり有名になりました。どんな山でも1番の力は影響力があります。

④ SNS でアピールをする

　No.1になれるものを考えたらSNSで情報を発信していきましょう。需要があ

ればよい反応が返ってくると思います。SNS で市場と対話をすることで，自分が考えている方向性が合っているかどうかを確かめることができます。

 ## スタートダッシュが大事！

　副業解禁になって副業を始めてもすぐには成果が出ないものです。副業禁止の今のうちに準備をすることによって，副業解禁後にスタートダッシュを切れるようにしておきましょう。

【その他事業が決まった後にやること事例】

名刺をつくる／ホームページをつくる／SNS のアカウントをつくる／キャッチコピーを考える／屋号を考える／副業用の銀行口座とクレジットカードをつくる　など

【ご案内】

　2023年8月から「社労士の GAKKO!」というサービスを始めました。

　「社労士が必要不可欠とされる世界をつくる」をビジョンに，社労士受験生への伴走支援や，社労士開業者への実務習得支援をしています。

　社労士受験生向けのサービス「シャロスタ」は8月の募集開始から1週間で100名以上が参加。社労士開業者向けのサービス「シャロサポ」は年内に募集開始予定。是非ご活用ください！

#シャロスタ #シャロサポ #しくみか社労士
社労士の GAKKO!

03 ネーミングからはじめる開業戦略

開業を考えたら，まず考えるのが事務所名。私の場合は，
1人で考えるのではなく，プロと一緒に考えました！

対談

事務所名どうする？
考える上で知っておきたい
商標とブランディング

山田 龍也（弁理士・ネーミングプロデューサー）× ado

PROFILE

クロスリンク特許事務所 代表弁理士／ネーミングプロデューサー。化学メーカーの研究開発職とし
て挫折，弁理士資格の取得にも15年を要した苦労人。2011年弁理士登録。2015年独立開業。中小
製造業によくある「良い商品なのに売れない」のお悩みをローテク製品の特許取得，知的財産（特許・
商標）を活用したブランドづくり，商品名のネーミングで解決している。

事務所ウェブサイト　https://xlinkpat.jp/

X（旧Twitter）　@sweetsbenrishi

肩書きネーミング「しくみか社労士」を商標登録！

ado　山田先生，その節はお世話になりました。おかげさまで，「しくみか社
　　　労士」を商標登録することができました。山田先生には，社労士登録の
　　　際に事務所名で迷って，そこから相談に乗っていただきました。

山田　事務所名のネーミングの段階から，弁理士に相談する人は珍しいですね。

ado　単純に，自分の名前＝事務所名にしたくなかったのもありますが……。
　　　戦略を考えて，林先生に相談したご縁で山田先生をご紹介いただきまし
　　　た。まさか自分が商標登録するとは夢にも思いませんでした。

山田　たしかに，弁理士に相談に来たのに，最初は商標登録のお話ではありま
　　　せんでしたね（笑）。相談に来られた時点では，「しくみデザイン」「し

ごとデザイン」等，ある程度，候補が絞られていて，事務所名としてどう思うかという相談でした。ただ，「しくみデザイン」も「しごとデザイン」も似た名前が商標登録されていて，その名前を使うと商標権者とのトラブルになる可能性がある。それで「しくみか」はどうかという話になりました。「か（化）」を入れることで，「デザイン」のニュアンスも入りますし。

ado　私自身，それほど言葉のニュアンスについて真剣に考えたことがなかったので新鮮でした。

山田　商標登録を扱う弁理士が皆そうではないですね（笑）。私はネーミングが得意ですが，ネーミングから考えてくれる弁理士は少ないと思います。

　　　adoさんの場合は，一般的な社労士業務ではない「仕組化」に，「社労士」を掛け合わせることで，普通の社労士業務だけを請け負っている人ではないことをアピールできると思いました。さらに，「仕組化」を平仮名にすることで，一発で読みやすく，とっつきやすい印象になると思いました。

ado　山田先生のアドバイスを受け，「しくみか社労士」の商標登録を申請し，事務所名にも「しくみか社労士」の名前を入れました。この名前は，デジタルが得意だというイメージを与えるようで，Excelの個人レッスンなどを受注することにもつながりました。また，DX化したいけれど，なかなかアナログから抜け出せない……という社労士事務所からの依頼もありました。社労士の平均年齢が高いせいか，アナログな事務所が多く，ニーズが高いですね。

■ 大事なのは事務所名か肩書きネーミングか

山田　adoさんは，商標登録を事務所名でするか肩書きネーミングでするか悩んでおられましたが，開業したばかりの一人事務所であれば，圧倒的に後者だと思います。仕事の依頼を受ける窓口は組織ではなく個人だからです。お客様のタッチポイントとなる部分をブランディングしたほうが効果的ですよね。

ado　たしかに，個人事務所の場合は，クライアントは事務所名をそれほど気

にしていないと思います。

山田 私も8年ほど弁理士事務所をやっていますが，ほとんど「山田龍也」個人に対する依頼で，事務所名を覚えていらっしゃるクライアントは残念ながら少ないですね。

ado ただ，事務所名で悩んでご相談したので，「肩書きネーミング」の商標登録をすすめられたのは思わぬ方向でした。

山田 最近，士業ブランディングに「肩書きネーミング」がよく用いられています。例えば，「●●弁護士」といった肩書きで自分の仕事の独自性を表現する手法ですが，以下のメリットがあります。

・覚えてもらいやすい（氏名や事務所名より親しみやすい）

・金太郎飴化を防げる（競合の士業と差別化しやすい）

・仕事につながりやすい（自分の業務上の特徴をアピールすることができる）

---

ado SNSなどでも，いろんな方がいらっしゃいますよね。

山田 ざっくり分類すると，以下の3タイプです。

---

① キャラクター型：自分の趣味やキャラクター（仕事以外の部分）を表すワードを入れた肩書き

② 業務特化型：専門の業務内容やお客様の属性を表すワードを入れた肩書き

③ コンセプト・理念型：仕事に対する考え方・姿勢などを示すワードを入れた肩書き

---

ado 私は①と②の中間，というところでしょうか。

■ 商標登録のメリット

山田 「しくみか社労士」を商標登録してメリットはありましたか？

ado よかったのは，「そこまでするんだ」と思わせたことですね。社労士として開業する覚悟が通じたのか，面白い人と思ってもらえたのか，Twitter（現X）のフォロワーも一気に増えました。また，ネットで検

索しても私しかヒットしないので強みになります。

山田 商標登録は必須ではないのですが，他人の商標登録を調査し，他人の商標権を踏む（侵害する）リスクを回避することは必須ですね。

　　他人の商標権に無頓着な人が多すぎるんですよ。そもそも，他人の名前や商標をよく知らない状態では，自分の独自性を出したり，差別化したりすることはできないはずです。思いつきの名前を使うよりは，他人の商標登録を調査してそれとは違う名前を使っているほうが安心だし，自分の名前を商標登録して独占権を持っていればより安心です。自分で作り，育てた名前を，安易に他人に真似されたら損ですからね。

■ 商標登録のベストな時期

ado 商標登録はどのタイミングで申請するのがおススメですか？

山田 考え方次第ですね。ブランドが育った後に，だれかにとられるのは困るので，最初からしておくのがベストだと思います。

ado 名前が育たない可能性もありますよね。

山田 うーん，そこは育てる覚悟を持ってほしい（笑）。私は，思いついたらすぐに商標を出願して，他の人にとられないように仮押さえします。そこからよい名前だけを厳選し，使わない名前は捨てるんです。

ado 依頼する側は費用がかかるから，ちゃんと育て上げないとお金が無駄になってしまうー，となります。開業当初はお金がないのでなおさらです。

■ 副業開業とブランディング

山田 士業は，たくさんの同業者の中から選ばれる必要があります。頼む人から見ると同じ士業は同じ顔に見える（金太郎飴化）。つまり，「だれに頼んだらいいのかわからない状態」なので，シャープなブランディングをしているほうが，必要な人に強く刺さります。ほかの人が打ち出していない特徴を打ち出すことによって，頼まれる理由ができるんです。

　　ado さんの場合，本来的な社労士業務ではない「しくみか」を「社労士」と結び付けました。これが，一般的な社労士業務である「労務管理」

とかだったら，圧倒的な実績で差別化するしかない。

ado 実績がない人が開業するにあたって，ネーミングやブランディングは大事ですね。

山田 はい。ブランディングは自分の旗を揚げるというか，自分が何者であるかを社会に示し，「（仕事を）頼まれる理由」を作ることですから。そして，頼まれた仕事でしっかり結果を出すことで，「お客様からの信用」をためてブランドにしていくわけです。しっかりしたブランドを作れば，お客様からの信頼を可視化できます。

ado 時間とお金に余裕がある副業開業の時期に，よりブランディングを意識したほうがいいですね。完全に独立してしまうと，ブランディング云々よりは，「営業しなくては」となるので……。

山田 小規模ではじめる人は，エッジを立てやすく，オリジナリティを出しやすいです。組織だと，いろんな人がいるのでそうはいかない。事務所の成長段階によって，適したブランディングやネーミングは異なります。

■ おわりに

ado 山田先生にご相談することで，「これから自分がどんな仕事をしていきたいのか」「自分の強みは何か」がより明確になりました。

山田 仕事に対する思いや自分ならではの強みがある人のほうが仕事を頼みやすい。だから，それをアピールしましょうということです。ただ，ユニークな肩書を作り，商標登録をしたにもかかわらず，ブランディングがうまくいっていない人もいます。その理由はネーミングやそのネーミングに込められた意味をろくにアピールせず情報発信による周知も行っていないからです。

　　ブランディングに成功している士業は例外なく自分のメディア（ブログ，SNS など）をもち，自分の考えを発信し続けています。ネーミングの世間的な認知度を上げていくために，情報発信戦略も併せて実施していくことがブランディング成功の秘訣です。

ado せっかくご相談して決めた名前ですから，しっかり育てていきたいですね。ありがとうございました。

PART III

○○×士業！わたしの
副業開業体験記

WEEKDAY

WEEKEND

イラスト：稲葉知秋

副業開業からはじめた17名の体験記です。会社員をしながら開業準備をしていた方，ガッツリ稼いでいた方，半年ぐらいで会社を辞めて完全独立された方，マイペースで続けている方などさまざまです。どのような働き方を望むのか。副業開業や独立開業を考える皆さまの参考になることがあれば幸いです。

営業アシスタント×行政書士
専業主婦から再就職を経て「仕事大好き！」になるまで

塩谷 巳佳 (30代)

▶副業期間：2022年4月〜2023年3月
▶業務内容：許認可（建設業，宅建業，酒類販売業などが多い）
▶報酬金額：業務による
▶投資金額：パソコン代など50万円

PROFILE

　大阪生まれ大阪育ち。美容系専門学校に進むものの，中退して就職。その後，結婚して専業主婦となるが，離婚をきっかけに社会復帰。

　2019年の3月にメーカーで働きながら通信制短大を卒業。その後，監査法人の受付業務をしながら2019年宅地建物取引士試験，メーカーで働きながら2022年行政書士試験に合格し，即開業。

■　合格後，即開業！

　2022年に行政書士試験に合格したとき，外資系化学品メーカーで，派遣の営業アシスタントとして働いていました。合格してすぐに開業登録をしたものの，お金も人脈もなかったので，生活のために仕事を続けました。

　幸い，派遣元も派遣先も外資系で，副業の申告は不要でした。念のため双方に行政書士として開業することを報告しましたが，特に問題になることはなく，比較的スムーズでした。

　開業して半年くらいはのんびりしていました。行政書士業務が入ったときだけ有給休暇を使っていました。

　しかし，行政書士業務が忙しくなってくると，有給休暇が足りなくなりました。最初は，予定を午後以降に入れて，午後休にするなどで対応できましたが，それでも足りなくなり，夕方にアポを入れてその時間は欠勤扱いにしていました。

　それでも，外資系ということもあり個人主義で自由な社風だったので，自分の仕事さえこなせば，上司や同僚から何かいわれることもありませんでした。

周りに恵まれていたので，両立しやすかったというのはあると思います。

　勤務時間もフレックスで，調整しやすい面もありました。私の場合，会社の終業時間は17時でしたが，行政書士の繁忙期にはその後の時間をさらに仕事にあてていたので，体力的に厳しいときもありました。独身で子どももいないため自由な時間が多く，何とかなったのだと思います。

● 約1年で会社を辞め，完全独立

　行政書士として活動する時間が増え，週に半分程度しか会社に出勤できない状態となり，会社に迷惑をかけるのが申し訳なくて一度上司に退職の相談をしました。営業アシスタントが不在だと，営業の業務が滞るのではと不安でした。

　相談した上司は，「行政書士の仕事を優先してもいいし，テレワークをうまく活用して出社できるときだけでもいいから続けてみてはどうか？」と仰ってくれました。そのご厚意に応じ，しばらくは仕事を続けましたが，打合せ等が増えてくるにつれて，「この生活は続けられない……」と思うようになりました。

　このような流れで「専業の行政書士として頑張ってみよう」と決心し，改めて「後任を探してほしい」と上司に伝え，退職することにしました。

　とはいえ私自身は，完全独立や専業であることに，特にこだわりはありません。今は行政書士の業務をこなすことで精一杯ですが，好奇心旺盛でたくさんの経験をしたいということもあり，今後も楽しそうな仕事を見つけたら，またどこかで働いてみてもいいなあと思っています。

開業するときに友人がプレゼントしてくれたバッグ。
"初心忘れず"の意味でずっと愛用。

忙しいのも楽しめるので苦にならなかった

「ずっと仕事をしていて大変ではない？」といわれることもありましたが，元々仕事が好きなタイプなので，ストレスは特にありませんでした。個人事業主になった今でも，仕事をしている時間のほうが落ち着きます（手元に何もない状態が逆に不安な貧乏性です（笑））。

ただ，忙しくなっても勉強時間を確保することは忘れないように心がけています。受験生時代から，ルーティン的に朝はカフェで朝ご飯を食べつつ勉強しています（ちなみに受験生の時は21時に寝て5時に起きていました）。

忘れ物をしないように
ジップロックに必需品を
まとめて（職印・インク・インク台 /
USB メモリ / ふせん / ボールペン /
ポケット Wi-Fi / 生年月日早見表 /
ファイル / レーザー距離計 など）

仕事は9割が紹介

「どうやって営業しているの？」と聞かれることがありますが，基本的には紹介が9割以上です。あとは SNS 経由です。

最初の仕事は，開業のご挨拶がきっかけでした。監査法人の受付の仕事をしていたことがあり，開業時に「行政書士として独立します。人脈を広げたいので税理士さんを紹介してください！」と監査法人の方に素直に伝えました。

すると，知り合いの税理士・会計士を紹介してくださり，その方がさらに知り合いを紹介してくださったりして，仕事につながっています。他士業や行政書士の先輩から仕事を紹介していただくことがほとんどです。

今も，売上が少なくなりそうな月は行政書士の先輩にお願いして，お手伝いをさせていただいたりもしています。横のつながりが強い業界なので，知り合いが増えれば，何かしらでお声がかかるようになるかと思います。

開業して1年！
お祝いしていただきました。

メリット	毎月決まった収入があることで精神的に安定する。お金に困っていないので無理な仕事（極端に安い報酬，怪しい仕事など）をお断りする余裕がある。
デメリット	（あくまでも私の場合は）これを成功させるしかない！　という覚悟が少ない。追い込まれていないので，のんびり営業になりがち。お問合せいただいたお仕事もお断りすることが多かった。あと営業する時間がない。平日は本業があり，休みの日は実際に士業で手を動かしているので……。

Message

　専業に切り替えた後から，お仕事のご相談をいただく機会が増えてきました。このペースが続けばいいなと思っています。前述の通り行政書士の先輩や他士業からの紹介が9割以上のため，今後はエンドユーザーとのつながりを強化していきたいと考えています。

　これまで，秘書や営業アシスタントをしていたため，事務作業が得意なこともあり，知り合いの先生方より資料作成等の依頼をいただくこともあります。行政書士の業務ではありませんが，特にこだわりはなく，得意な事務作業を活かして，さまざまな士業事務所のサポートもしていけたらいいなと考えています。

釣船店正社員船長×行政書士×海事代理士

運転手歴約20年からのキャリアチェンジ

金子 秀之 (40代)

▶副業期間：2021年冬〜2022年夏の約半年（運転手・船長をしながら）
▶業務内容：コロナ関係の助成金等
▶投資金額：勉強のための書籍代くらい

PROFILE

　金子行政書士事務所代表。

　1981年千葉県千葉市生まれ。千葉県の県立高校卒業後，フリーターに。2002年に大型自動車二種免許を取得。2003年からバス運転手，2004年不動産会社役員付き運転手。2007年行政書士試験合格。2021年行政書士登録・開業。2022年海事代理士試験合格。18年勤めた会社を退職，兄の営む釣船店に正社員として勤務（職種は船長）。同年末より完全独立。

■ 運転手，船長をしながら開業

　車好きということもあり，ずっと車や乗り物関係の仕事をしてきました。ただ，40代に入り，「このまま体力勝負の仕事を続けるのは厳しい。頭を使う仕事に就きたい」と考えるようになりました。そこで，昔取得した行政書士の資格を活かそうと思いました。

　2021年に開業登録をし，約半年間は従来通り運転手をしながら副業として行政書士業務をしていました。比較的有給休暇も取りやすい会社で，副業との両立には特に苦労はありませんでしたが，2022年に，兄にお願いされ，釣船店の正社員（船長）に転職しました。

　船長の仕事は，拘束時間が長く，副業に苦労するようになりました。ただ，休憩時間は長かったので，船上で支援金の事前確認を Zoom でするなど工夫していました。

　ちなみに，この長い休憩時間を利用して，海事代理士の資格も取得しました。

海事代理士とは，船舶の登記などを担当する，海事に関する法律の専門家です。行政書士とのシナジーもありますし，お客様に珍しがられ，話のネタにもなっています。

船長をしていた船。
海事代理士も取得！

依頼が増え，専業に踏み切る

　副業としてスタートした2021年はコロナ禍の真っ最中で，特に営業しなくても，「月次支援金」や「事業復活支援金」の事前確認等を知り合いから依頼されました。とはいえ，あくまで副業感覚で，ひと月当たり，お小遣い程度の収入からのスタートでした。だんだん依頼が増え，2022年夏頃には，正社員としての給与を上回るようになりました。そこで，兄に正社員の仕事を退職することを伝え，専業にシフトしました。とはいっても，現在でもまだまだ収入が安定しない月もあります。ただ，そのことを周りに話すとアルバイトを依頼されたりして，今のところ何とかなっています。

　業務が少ないときは，不安になることも当然ありますが，「自分は試験合格から期間が空いているのだから勉強するいい機会だ」と思い直し，知識の習得に努めています。書籍やネット等で情報収集するのはもちろん，支部の研修等に参加し，先輩行政書士や多くの仲間とコミュニケーションを取っています。研修後の飲み会は，研修会では聞けない情報がたくさん出てきて有益です（笑）。

仕事はどう獲得しているか

　知り合いやホームページからの問合せ，ダイレクトメールからのご依頼が多いです。ホームページを自作していますが，検索順位が上がるように記事の追加やレイアウトを見やすく修正したりしても，それが検索順位に反映されるまでには一定の時間がかかります。自作を考える方は，会社員等をしながらの副業の段階から作っておくとよいと思います。

仕事道具。許認可申請の
図面作成に使います。

これから

　中学3年生のときにサッカー審判員の資格を取得して，登録から25年ほどのキャリアがあります。規則を正しく理解し，適切に適用するという意味では行政書士の仕事と近いものを感じています。

　行政書士の扱うことのできる業務は1万種類以上あるといわれています。すべての業務について習熟した知識をもって事務処理を行うことは不可能なので，自分の核となる専門業務を絞り，そこに自分の持てる資源を集中的に投下し，知識の深掘りをしていきたいと思います。その知識の深掘りが，必ずやお困りのお客様の不安や迷いを解決すると考えています。

副業開業のメリット・デメリット

メリット	・収入が確保されていること。副業の収入が無くても本業の収入があるし，という心の余裕があったおかげで，お客様といろいろなお話もできたし，採算度外視みたいなサービスや関わり方ができた。そのコミュニケーションのおかげで，徐々にですが，リピートや知り合いの方をご紹介いただける案件が増えた。
デメリット	・なかなか事業に対しての本気度や自分の持っている能力を集中させることができない。 ・お客様の都合に合わせて面談や書類の授受ができない。

Message

　正直なところ，「なぜもっと早く登録して行政書士としてスタートしなかったのか」と思っています。

　なぜ資格を活かさなかったか，副業をスタートしなかったかというと，「行政書士では食えない」という周りの言葉を真に受けていたからです。SNS 等を通して，同業の先輩と知り合い，話を聞くことにより，「正しい営業努力を続ければ，会社員以上の収入を得ることも十分可能だ」とわかりました。

　周りの言葉は，「誰かからそう聞いた」という程度の無責任なものだったりします。もし，読者の方で，周囲から「行政書士では食えない」といわれて躊躇している方がいれば，実際に行政書士として働いている方の話を聞いてみたりするのもよいと思います。

　一緒に頑張りましょう！

法律事務所パラリーガル×行政書士×探偵

飲み会や SNS の縁が仕事につながることも！

西岡 牧子

▶副業期間：2021年5月〜2021年8月（本業：法律事務所のパラリーガル）
▶報酬金額：大体月20万円程度
▶投資金額：行政書士の登録費用として約30万円，事務所の初期費用約15万円，仕事に必要なもの（職印，名刺，HP のサーバー代，備品等）の購入費：約10万円

PROFILE

アルマ行政書士事務所代表。

学生時代に探偵を始め，大手探偵社に就職。その後法律事務所でパラリーガルを経て，在職中に行政書士試験に合格して2021年9月独立。主な取り扱い業務は補助金，許認可（風営，古物，建設業，CCUS，ドローン）等。取得資格・経歴等：夫婦問題カウンセラー/FP2級/簿記3級/著作権相談員/受験対策アプリ『秒トレ行政書士』作問/「ナイト産業を守ろうの会」関東代表。

■　行政書士・探偵のほか，さまざまな副業も！

　法律事務所でパラリーガルとして働きながら，2020年11月行政書士試験に合格しました。仕事を続けながら翌年5月行政書士登録，翌月に探偵業も登録し，副業を開始します。その後，2021年9月に退社し，完全に独立しました。

　今は，行政書士として，個人事業主で生計を立てることができています。行政書士に加えて，探偵業もしています。それ以外にも執筆業（記事の作成）やSNS 運用代行，学習教材（秒トレ行政書士）の問題作成などにも携わっています。行政書士でありながら，探偵業をはじめさまざまな副業も手掛けている状況は，他の方と比べて少し変わっているかもしれません（笑）。

合格するまで3年かかったからこそ開業意欲が増した

出身大学は法学部ではありましたが，当時は法律にも興味がなく，また自分の将来への計画性もない残念なタイプの学生でした。今思えばあの頃の自分に「ちゃんと勉強しろ」と声をかけたいです（笑）。

過去を振り返っても意味はないのですが，その後紆余曲折を経て法律事務所に転職しました。弁護士の仕事を身近で拝見し，「法律のお仕事ってやり甲斐がありそうだな」と思うようになりました。

ただ，法律の仕事に興味を持ったものの，当時は資格取得等について何も考えていませんでした。資格取得の直接のきっかけは，たまたま医療保険に加入する際に，保険はおろか世の中の仕組みを何も知らないことに愕然としたからです。そこで，FP3級を取りました。その後FP2級にも合格して自信がつき，「せっかくなら法律系の資格をとろう」と思い行政書士を目指しました。一発合格できるだろうという根拠のない自信がありましたが，最初の2年間はまじめに勉強していなかったこともあり，合格するまで3年かかりました。

行政書士試験に1度で合格していたら調子に乗ってさらに他の資格を取ろうと考え，行政書士として開業しなかったと思います。苦労して取得した資格だからこそ，「開業して活かそう」という気持ちになりました。SNSなどを通じてその仕事内容にも魅力を感じていて，合格時には開業すると決めていました。

探偵業については，人に覚えてもらうフックとして，行政書士業務とも親和性があると考えて登録しました。今は徐々に探偵業の割合も増えてきて，単なるオマケではなく，行政書士兼探偵と堂々と名乗っています。

探偵の登録証

▇ コロナ禍のテレワークによりできた時間で開業準備

　弁護士事務所のボスや先生方にも元々行政書士試験に挑戦することは話していました。合格したら登録して開業するというのは決めていたので，合格発表後に自然な流れで報告しました。

　当分の間は本業をしっかりこなしつつ，あくまで空いた時間に副業として行政書士業務を行うつもりでした。そのことを素直に話すと，快く副業を承諾してくれ，さらに，法律家・士業としてのアドバイスもいただきました。

　当時はコロナ禍で，希望者にはテレワークが認められていました。テレワークだと通勤の往復2時間と休憩時間1時間の合計3時間がかからないため，出勤しているときに比べると1日の可処分時間が多く使えたのはよかったです。おかげで，開業までのリサーチや事務所探しなどの準備をすることができました。

▇ 行政書士業務である程度の収入が得られる実感

　副業のメインは探偵業ではなく，ほぼ行政書士業務です。最初の数カ月間はお小遣い程度の稼ぎでした。「まぁ副業だし，こんなものか」と楽観的でした。

　具体的にやっていたのは，車の車庫証明，契約書作成，会社設立（定款の作成・認証），風営法の許可，支援金業務などです（車の車庫証明は先輩行政書士のお手伝いで教えてもらいながら，ほぼ見学していたようなものなのでカウントしていいかわからないですが……）。いずれも，副業期間の後半に集中しています。

　スタートして数カ月は，お小遣い程度の稼ぎだったものの，コロナ禍でさまざまな給付金や支援金ブームがあり，その波の終盤にギリギリ乗ることができました。

　月次支援金の事前確認を行うという業務を始めたところ，需要が高く，営業などを特にしなくても仕事がどんどん入ってきました（それは定期的な仕事ではなく数カ月という短期のものだし，今思えば本当に運がよかっただけなのですが）。単価も低く，大きな収入を得たわけではないのですが，行政書士業務である程度の収入を得られる実感が湧きました。

■ テレワーク禁止をきっかけに完全独立

法律事務所は就業時間が10時～19時でした。本業のある日は副業の仕事はほぼできませんでした。コロナ禍でテレワークが認められ，通勤時間などかからない分，時間をやりくりしながらも，細々と業務をこなしました。

また，休みも土日ではなく，シフト制だったので，副業の都合で平日休みがほしい時にはありがたかったです（許認可など役所に行かなければいけないような仕事はあまりしていなかったですが……）。

ただ，コロナがやや落ち着いた段階で，「全員テレワーク禁止」となりました。通常の出勤スタイルに戻り，副業は時間的に厳しくなりました。今となっては当時の自分の決断力にびっくりしますが，この禁止令の翌日には退職の意向を伝えました。本当はもう少し本業を続けるつもりでしたが，行政書士としてやりがいや手ごたえも感じ始めていたので，「このまま副業で細々やるよりは思い切って独立しよう」と思ったのです。

■ 退職宣言で仕事が殺到

退職の覚悟を決め，宣言すると，いくつかお仕事の紹介もいただけました。退職するまでの2カ月間で，100万円程度売り上げたのです（副業をしていた期間としては2021年の5月～8月なので，月に均すと1カ月当たり約25万円になりますが，実質ほぼ7月と8月に集中しています）。

現在も，行政書士という仕事は他士業に比べるといわゆるスポット型の業務が中心なので，本業があった時に比べて収入面では不安定です。とはいえ，徐々に安定はしてきているし，収入も前年度より上昇しています。楽観的なので，この先もっと頑張れば自然と収入もついてくると考えています。

■ 会社員としての固定収入や社会的地位はやはり大きい

独立して思うのは，やはり本業の給料という固定収入は大きいです。

また，会社員という社会的地位を保ちつつ，副業で自分の好きな仕事をできるというのもいいです。個人事業主だと，ローンを組む時の審査なども会社員

に比べると厳しくなりがちです。社会保険についても，会社員だと会社が半分負担してくれるので，個人事業主と比べると負担が少なく済みます。

　副業から始めて，軌道に乗ったら頃合いを見て独立するのはリスクヘッジになります。人脈ゼロからの独立という残念な事態も避けられますし，「自分がその仕事に適性があるか」「集客方法はどうするか」などのシミュレーションも事前にできるのは安心材料になると思います。

　ただ，会社員としてのメリットは大きいものの，体は一つしかないので，副業をやっている時間の分はプラスで働くことになります。本業でも残業があるような場合は，過重労働で心身の健康を害する可能性もあります。無理な労働をすれば，副業だけではなく本業にも支障をきたしかねません。

　また，独立してから感じたのは，副業であることをオープンにすると，仕事が紹介されにくいことです。

　私も，「副業で開業しました」といった際は，自分で積極的に営業などしなかったこともあり，ろくに行政書士の業務はしていませんでした。仕事が来るようになったのは，「退職を決めました。独立します」とSNSや周囲に宣言してからです。

　いわゆるご祝儀案件かと思いましたが，今も途切れなく仕事があります。やはり紹介する側や依頼する側からしたら，副業でやっている人よりは専業でやっている方に任せたいという心理はあるのだと思います。そう考えると，実際は副業の場合でも，自分が副業としてその仕事をしていることはあまりオープンにしないほうがいいのかもしれません。ただ仕事のペースや量を選べるのが自営業の魅力でもあるので，副業であることを公表しつつ，無理のないペースでお仕事されるのもよいかと思います。

■ 副業中はとにかく時間がない！

　私の場合は本業がフルタイムで忙しかったので，退職を決めて本格的に行政書士業務を始めてからは，ワークライフバランスは崩れていたと思います。本業と副業の線引きを意識していたので，とにかく時間がない日々でした。ただ本業に従事している間は毎日同じ電車に乗って，ある程度決まった時間に帰宅していたので，生活自体は規則正しかったです。

　逆に，独立後は，昼夜逆転してしまいました（受験勉強をしていたときから夜型でしたが……）。今は，心を入れ替えて毎日午前中に起きるようにしています（笑）。

■ 行政書士×探偵のシナジー

　開業当初は探偵であることを活かし，離婚協議書の作成をメインとした「離婚専門行政書士」になろうと考えていました。探偵として依頼されるのは，浮気調査が多く，また浮気の証拠が取れた方は離婚する確率が高いからです。そのつながりで，離婚協議書や不倫相手との示談書及び公正証書の作成の代行などを行政書士として行おうと考えていました。ただ，実際にご依頼を受けてみると，紛争性が高く弁護士にパスするような案件もあるし，工数も単価に見合わないと感じました。個人的には人と人のドロドロした部分に関わるのは苦になりませんが，苦痛に感じる人もいるかもしれません。

　今は，探偵業については，浮気調査や行方不明の相続人の調査や，企業の信用調査，反社チェック，従業員の素行調査などを行っています。行政書士を通じて他士業とのつながりが増えたので，「探偵のほうでちょっとお願いしたいのだけれど」と相談や依頼を受けることが多いです。また探偵業の届出を行政書士業務として行ったり，探偵業を始めたい人に対するコンサルの仕事などもしています。

仕事はほぼ紹介経由, SNSのつながりやお酒の席からも!

　支援金業務を除いて, メインはほぼ紹介です。SNSでつながって知り合った人からの紹介も多いです。「酒の誘いは断らない」をポリシーにしていたので, お酒の席で仲良くなって, そこから仕事につながることもよくありました。

　最近は, 人脈を広げるというよりは, 今あるご縁を大事にしようと思っています。

　過去に依頼いただいたお客様が, 別の依頼をくださることもあります (たとえば支援金業務のお客様が, 離婚することになったといって離婚協議書作成のご相談をいただくなど)。今後はもう少しweb集客にも力を入れていきたいです。

仲の良い行政書士の山尾
加奈子先生と宮本えり先生

TikTokerの山本絢香先生
(ばななちゃん) の
ドローンのイベントの
ブースに!

■ これから

　今考えているのは，行政書士として専門業務を確立することです。現在は，「なんでも屋」に近い状態で，よほど自分ができないと思う業務以外は，基本的に受任しています。

　いろいろな業務に携われる反面，新しいことを覚えてはまた違うことをやっての繰り返しで，ノウハウが蓄積できません。許認可1つとっても，業界が違えばまったくやり方が違うからです。

　自分自身が疲弊しないため，またお客様にもスピーディーにクオリティの高いサービスを提供するため，専門業務を確立したいと思っています。それは必ずしも1つではなく，2〜3個あってもいいと考えています。以前に比べたらだいぶ絞れてきてはいますが，もっと「○○業務といえばこの人」というイメージを確立させたいです。

　探偵業に関しては，宣伝もほぼしていないしホームページすら作ってもいないのですが，口コミで相談が増えています。探偵業を始める企業のコンサル，探偵関係の記事のライターなどの依頼もあります。怪しいイメージが強い探偵ですが，この業界が好きなので，SNSやメディアでの発信などで貢献できることがあったら嬉しいと考えています。

Message

　行政書士の仕事を始めてから，オフの時間が極端に減りました。平日土日関係なく仕事をしているので，「いつが休みなの？」という状況です。純粋なオフは月1〜2日あるかないかです。

　また，仕事関係の会食や飲みも仕事にカウントすると，開業したての頃は2カ月間一度も休みなく飲み会がある時もありました。今でも多い時は週5ぐらいですが，もう少し減らしていこうと考えています。

　士業の集まりは，お酒の場だけではなく，スポーツや趣味などいろいろあります。そういうところから仕事につながることも多いので，オンオフのはっきりしない生活は自営業者の宿命と思い，日々楽しむようにしています。

資格予備校営業マン×行政書士
地元密着型はアナログ営業が効く！

馬場 敦 (50代)

▶副業期間：3年間（独立して5年）
▶業務内容：遺言作成支援，相続手続き，高齢者が必要とする手続き
▶報酬金額：月10〜20万円（独立後は月50〜80万円程度）
▶投資金額：電動自転車10万円，広告宣伝（新聞折り込み，郵便局ポスター）
　3万円／月，ポスティング用チラシ2万円／月

PROFILE

　つるま行政書士事務所代表。

　営業出身。活動範囲を東京都町田市南部に特化し，地域の課題に取り組むコミュニティビジネス事業を展開。また法的な遺言書の有効性を高めるため，自分史やエンディングノートを活用して家族に想いを伝えるトータルメモリーサポート事業や，さまざまな専門家のネットワークを駆使した相続手続きコーディネートも行っている。ここ数年は『おひとり様』の生活支援や財産管理に力を入れ高齢者の見守りや後見制度の普及活動を積極的に行っている。

■　営業マンが行政書士を取得した理由

　行政書士を取得したのは，組織よりも個人で活動するほうが自分のよさを活かせると感じたからです。

　資格予備校の営業マンをしていたこともあり，資格のことを多少は知っていました。その中で，行政書士は，資格を取るハードルが士業の中では比較的低く，取得の準備から活動して稼ぐまでが短いのでコスパがよいと感じていました。

　合格後は，当面は会社を辞めずにできるところから少しずつ始めました。

　「2つも仕事をするのは大変ではありませんか」とよく聞かれますが，本業と副業を分ける感覚がなく，できる時間にやっていたので，あまり意識しませんでした（お客様と会うときなどは休みを取りましたが……）。会社員時代から仕事と私生活を区別しておらず，副業を始めても「やりたいことをただやっているだけ」という感覚です。

　具体的に行った業務は，相続手続きや離婚協議書の作成などです。妻が自宅

で美容関係の仕事をしていたので，そのつながりで仕事が来ました。また，遺言書などを作成する過程でその方の『自分史』を作成しています。副業として月10～20万円位を稼ぐことができました。

会社員を辞めたのは，同期の行政書士と外国人雇用関連の事業を始めたときです。コロナ期直前のインバウンドバブルで，忙しくなり退社しました（外国人雇用関連の事業を今はあまりやっていません）。

■ 地元に根差した活動を意図し，チラシ配布

元々，「地元に根差した活動をしよう」と考えていたので，妻のサロンでの告知のほか，近隣約3,000世帯への定期的なポスティングと新聞折り込み，上記世帯に事務所連絡先を記載したマグネットシート配布などをしました。

さらに，アクセス数の多い高齢者向け住宅紹介のホームページにブログを定期的に連載させてもらいました。これにより，「自分史」でブランディングができ，依頼が来るようになりました。

地元に根差した活動をする理由は，単にラクだからです。また，地元に行政書士（士業）がいなかったのも大きいです。あらゆる困りごとに関する相談窓口を自分が独占できると思いました。

地元に限定するメリットは，移動時間が少なく，1日に多くのお客様と会え，長く話ができることです。気軽に立ち寄るなどもできます。

営業マンとしての経験から，何もないのにふらりと立ち寄るほうが営業には効果的で，いろいろな情報も得られることを知っていました。

■ 今は，それぞれが得意なことをやるチームスタイルを構築

私は元々営業マンなので，飛び込み営業等がまったく苦になりません。しかし，士業の方はそうでない人がむしろ多いことに気づきました。私が得意な営業が苦手で，私が苦手な事務作業が得意な方がたくさんいらっしゃいます。

「もっと，得意・不得意を補いあえないだろうか」と考え，今は，数人の行政書士と連携してチームで活動することもしています。

私がお客様を開拓し，他の行政書士の方に実務をやっていただくなどです。

このチームでの活動は，複数人で対応するので，スピードとチェック機能が高まるメリットもあります。

報酬は1人分を分けることになるので少なくはなりますが，回転数を高めることができるので，デメリットを十二分にカバーしています。

営業は「信頼関係の構築」がすべて

「どうすれば営業が得意になりますか」と，行政書士の飲み会などでこれまで散々聞かれました。

「営業」とはいいますが，何も難しいことはなく，地道な信頼関係の構築がすべてだと考えています。

相談の機会が多いほど，お客様の満足度は上がります。また，思わぬ潜在的な業務につながったりもします。だからこそ，初回相談料などの小さな収入を得るよりは，無料にして，「困ったらこの行政書士に依頼すれば何とかしてくれる」と頼ってもらえることを大事にしています。

結局は，お客様に会う回数，会う時間の多さに尽きるのではないかと考えています。

私の場合，お客様からヒアリングする際は，「誰に（どの行政書士に）やってもらうのが最適か」を常に考えます。自分自身ですべてこなそうとするのではなく，専門家や士業を組み合わせてお客様に提供すること，窓口のコーディネーターのようなものだと考えています。

地元では有効なアナログな営業方法

地元で活動するのであれば，とにかくアナログな活動が有効です。私は，「地域住民に対してのセミナー開催」「2，3カ月ごとのポスティング，新聞折り込みチラシ」「地元郵便局へのポスター掲示とリーフレットの設置」を3本柱にしています。

セミナーは相続や遺言等の行政書士業務に関するものではなく，地域で活動している方々とのコラボセミナーを行い，知識提供ではなく人柄などを見てもらい，地域における信頼の獲得を目的としています。

例えば，「書道の先生と『家系図を作るための戸籍の読み方セミナー』」「エレキギター講師と『音楽と自分史〜ベンチャーズを聴こう』」「ストレッチインストラクターと『認知症予防と成年後見制度』」のような催しをしました。

　ストレートな法律の内容のセミナーではなかなか人を集めるのは難しいです。地元の方が興味を持ってくれるのは何か，どんなセミナーだったら楽しんでもらえるか，そういったサービス精神が必要なのではないかと思います。

地元の人がターゲットなので，事務所前の看板も効果的です。

■ これから

以下を実現したいと考えています。

①地域顧客の圧倒的信頼を得て，自分自身は業務を行わず，信頼できる専門家や士業につなぐビジネススタイルの構築
②高齢者支援（特に一人暮らし支援）に理解を持つ企業スポンサーを募り，高齢者コミュニティーを作る

　行政書士業務に限らず，やってみたいビジネスがたくさんあり，ワクワクしています。

カレー屋経営者×旅行業務×行政書士
不思議な運命に導かれてたどり着いたトリプルワーク

尾川 周三 (50代)

▶副業期間：行政書士としては，2022年～現在まで
▶業務内容：外国人ビザ関係が主業務
▶報酬金額：案件により異なる
▶投資金額：ホームページ制作，事務所備品購入，登録費用等で合計100万円弱

PROFILE

　15年以上にわたり，神戸でネパールレストランを経営。2022年5月，アマダブラム行政書士事務所を開業。宅建士，総合旅行業務取扱管理者資格を保有。

🔲　ネパールに行ったことがないネパールカレー屋さん

　思い起こせば今から遡ること約17年前，たまたま訪れたネパールレストランで知り合ったネパール人オーナーとの出会いが私の人生を大きく変えることに……。

　私は大学を卒業後，一般企業に就職し平凡なサラリーマン人生を送っていました。毎日同じ時間に起きて，決まった仕事を淡々とこなす日々の繰り返し，日に日に「たった一度きりの人生，やりたいことをしたい」という思いが強くなり，やがてサラリーマン人生に終止符を打つことになりました。

　それからはバーテンダーから牛乳配達まで，さまざまな職業を経験しました。

　一体自分が本当にやりたいことは何なのだろう？　答えが見つからず自暴自棄になっていたある日出会ったのが，ネパールレストランを営むネパール人オーナーのHさんでした。私の悩みを聞いてくれたHさんはいつも「ダイジョウブ！　ダイジョウブ！」と私を励ましてくれました。母国を離れ異国の地で楽しそうにレストランを営むHさんの姿を見て，勇気づけられたと同時にHさんの生き方を羨ましく思ったのを今でも記憶しています。

　それからは相談があればレストランを訪れるようになり，その度にHさんは嫌な顔一つせず毎回親身になって話を聞いてくれました。

そんなある日，よき相談相手のHさんがまさかの「怪しいネパール人」となる事件が起きました。いつも通りスパイスの効いた美味しいネパールカレーに舌鼓を打っているとHさんが突然，真顔で私を見てこういいました。

「コノ　オミセ　カッテクレナイ？」

この言葉には正直驚きを隠せませんでした。いくらよき相談相手からのお願いだとしてもさすがに怪しすぎる。もちろん即断することはなく持ち帰ってしばらくの間悩みました。周囲からも「やめたほうがいいんじゃない？」というネガティブな意見が多く，やはりこの話はお断りしようと一旦は心に決めました。

それから数日後，サラリーマン時代のあの言葉が私の頭をよぎりました。

「たった一度きりの人生，やりたいことをしたい」

決して安くはない資金が必要だし，私にとっては大きな賭けではありましたが，ここで断ったら結局何も変わらないなと。

こうして「ネパールに行ったことがないネパールカレー屋さん」が誕生しました。

▶ネパールの定食　「ダルバート」

▶ネパールレストラン kukuri

最初の副業はネパールツアー

開業当初，スパイスカレーブームが到来する前ということもありネパール料理の認知度も低く，さらにネパールの定食「ダルバート」をメインに提供していた当店は，決して順風満帆なスタートとはいえませんでした。さらに料理の勉強や現地のことを知るための渡航費も嵩み，経営状態は悪化の一途をたどりました。

「このままではやりたいことを成し遂げる前に終わってしまう」

　そんな窮地を乗り越えるために副業をすることを決意しました。これまでネパールといえばエベレスト登山というイメージでしたが，実際に現地に行くともっと気軽なトレッキングツアーも人気があることを知り，ネパールツアーの企画をしようと考えました。

　早速テキストを購入し，旅行業界の国家資格，総合旅行業務取扱管理者資格を取得しました。そして知人のシェルパ（ヒマラヤの登山ガイド）が運営するヒマラヤ登山とトレッキング専門のツアー会社で，副業としてCS（カスタマーサポート）業務を開始しました。旅行業法の関係上，資格を活かした業務ではありませんでしたがネパールの魅力をさらに知ることができる，私にとってはうってつけの副業でした。

■ 副業から複業へ　「カレー屋行政書士」の誕生

　昨今のスパイスカレーブームやトレッキングブームも追い風になり，少しずつ経営状態も改善され，前述の仕事に加え，ネパール雑貨の販売やガイドブック制作サポート，ネパールの土地の共同購入等ネパールにまつわることは何でもチャレンジしてきました。

　そんな忙しいけれど楽しい日々を送っていた時に突然襲ってきたのが記憶に新しい「新型コロナウイルス」でした。

　飲食店への休業要請に加え，海外渡航の禁止，泣きっ面に蜂とはまさにこのことです。元来リスクヘッジのためでもあった飲食業と旅行業との複業，未曾有のウイルスにはなす術なしでした。そんなコロナ禍において唯一よかったのは時間的余裕が生まれたことでした。その空き時間を無駄にしないよう一念発起して行政書士資格の勉強を始めました。

　なぜ行政書士なのかと疑問を抱かれる方も多いかと思いますが，長年お店をしていると自然とネパール人の知り合いが増え，しばしばビザ（在留資格）にまつわる相談を受けるようになりました。

　私は人生の転機となった「オミセ　カッテクレナイ？」のネパール人をはじめ，これまで数多くのネパール人に助けられたからこそ今日まで楽しく過ごしてきました。そんなネパールの方々に少しでも恩返しがしたいという思いが行

政書士を目指すきっかけになりました。

　そんな熱い思いは1年では飽き足らず"2年越し"で試験に合格し，2022年5月に晴れて行政書士事務所を開業いたしました。そして現在昼間は行政書士（夜はカレー屋）として，ネパール人の友人がリフォームしてくれたオフィスで日々業務に勤しんでおります。

事務所近くの純喫茶で
打ち合わせ

Message

　私のストーリーを最後までご覧いただきありがとうございます。
　私は皆様に偉そうにお話しできることは何もありませんが，副業に関して唯一アドバイスできることがあるとすれば，"それぞれの業種が何かしらのつながりを持つ"副業をされることをおススメします。私自身でいえば，飲食業，旅行業，行政書士はすべて「ネパール」でつながっています。このようにそれぞれがつながりを持つことで相乗効果が生まれビジネスチャンスが増えることを実感しました。
　最後に，人生は登山のようなものだと，しばしば例えられることがあります。私自身のこれまでを振り返ると，さまざまなトラブルに見舞われたり騙されたりと苦難の連続でした。ですが頂上の景色を想像しながら一歩一歩着実に進むことこそが一番大切だと信じています。カレー屋行政書士としてこれからも，ヒマラヤで登山ガイドを務めるシェルパ族のように「法律のシェルパ」として皆様の手助けができるよう邁進して参ります。

法律事務員×行政書士

医療事務の経験を活かし医療法人専門に

望月 亜弓 (30代)

▶副業期間：2020年8月〜2021年3月
▶業務内容：医療法人の事業報告書，一般社団法人設立の電子定款認証，古物商許可，コロナ関連の補助金
▶報酬金額：8カ月で66万円
▶投資金額：レンタルオフィス費用，登録費用，備品等，約80万円

PROFILE

　望月亜弓行政書士事務所代表。人工透析専門クリニックで医療事務，調剤薬局で調剤事務に従事。行政書士資格を取るため法律事務所に転職。法律事務所で法律事務員として働きつつ，独学で2019年度行政書士試験に合格。2020年8月に行政書士事務所を開業。2021年3月に法律事務所を退職し，以降行政書士専業で医療事務経験者の行政書士として医療法人，一般社団法人，診療所の行政手続きを中心に行っている。現在は独立し，パート1名。

■　法律事務員をしながらレンタルオフィスで副業開業

　医療事務として働く中で，勉強した分評価され，今よりもっと向上心を活かせる仕事はないかと考えて行政書士を志しました。資格を取るにあたって，勉強時間が十分に確保でき，かつ法律に少しでも近い立場での仕事を探して，法律事務所の法律事務員になりました。資格取得後は法律事務員を続けながら2畳ほどの小さなレンタルオフィスを借りて副業開業しました。

　当初はすぐに独立するつもりはなく，法律事務員を続けながら，忙しくなってきたら法律事務所を間借りして並行してやっていけたらいいなと考えていました。

最初の事務所写真

■ 働きながらどんな行政書士業務をやっていたか

開業して一番最初の仕事は，いつも行く飲み屋のご主人からのご祝儀案件でした。副業なので，直接役所に出向く機会がなるべく少なく，有給や半休でできるものをしていました（そもそも選べるような立場でもありませんでしたが）。具体的には，以下のような業務です。

・行きつけの飲み屋のご主人の古物商許可
・コロナ関連の補助金
・行政書士の先輩からいただく医療法人の事業報告書
・一般社団法人設立の電子定款認証

開業当初より医療法人専門を掲げていましたが，当時は来た仕事は基本的にすべて受けていました。

開業前から異業種交流会や士業交流会，勉強会に参加していたので，そこで知り合った行政書士の先輩や，他士業の先生からご紹介のお仕事です。

行政書士登録後は，受験生の頃から利用していた Twitter（現 X）を本名顔出しにし，私自身を知っていただく機会を作ることを意識していました。

■ 法律事務員の仕事との調整は困難で15キロ増量

元々副業は禁止されていないことを確認の上，本業の勤務時間中には行政書士の仕事はしない約束でスタートしました。

本業が終わったらすぐに行政書士事務所に行き，24時くらいまで行政書士の仕事をし，翌朝本業の出勤前に役所に提出に行ったりしていました。休憩時間中に顧客への電話やメールをしており，だいぶ過労ではあったと思います。正直，ワークライフバランスはまったく取れず，生活リズムもめちゃくちゃになり開業してからなんと15kgも太りました。開業時に撮った写真と現在とを比べると詐欺のようになっていますが，写真を盛っているわけではなく本体が変わったのです（笑）。

専業になってから少しずつ健康管理にも力を入れるようになりました。

■ 副業と収入

　副業期間は2020年8月〜2021年3月の8カ月で，行政書士業務での入金額は66万円でした。まだ専業で食べていけるほどの収入ではありませんでしたが，だんだん行政書士業務が忙しくなり，本業の法律事務所にも迷惑をかけるのと，レンタルオフィスの更新の都合もあり，この機会に間借りをやめ，独立に踏み切りました。

　医療法人から直接大きな案件の依頼があったのも独立の理由です。行政書士の先輩に背中を押していただき，決心して法律事務員の仕事を退職しました。

■ 医療法人専門を掲げた理由

　元々医師にあこがれており，なるべく医療に関わりたいという気持ちで医療事務をしていました。ただ，すぐに医療専門の行政書士を掲げたわけではありません。医療事務時代に医療と真っ向から向き合い過ぎて疲弊していたので，行政書士試験に合格した時点では，行政書士らしい仕事がしてみたいと思い，王道的な建設業や風営法，ニッチなところでは宗教法人の設立などを業務とすることを検討しました。でも，お客様の姿があまりイメージできず専門分野をしぼりきれずにいたときに，セミナーで「その業界が抱える問題に真っ向から向き合いたいと思えることが必然性であり，儲かりそうだからとか仕事がありそうだからとかで専門を選んでも続かない」という言葉を聞きました。

　その言葉で「ああ，それだったらもう，私には医療しかないや」と腹を括りました。調べれば調べるほど医療法人の業務は複雑で長期間にわたり，難易度の高いものでしたが，「自分が役に立ちたい人の役に立つ」ということを考えたらもう医療しか考えられませんでした。その日から医療一直線で現在に至ります。

■ 医療法人専門と積極的に発信することで仕事を獲得

　仕事の獲得は，ほぼすべて紹介です。医療法人の業務は元々発生件数の多いものではないので，医師に直接アプローチするより「医師を顧客に持つ人」に

アプローチしたほうがよいです。SNSで積極的に税理士，弁護士，司法書士，社労士さん等にお会いし，「医療法人専門です」と発信することで，医療法人をたくさん抱える税理士さんや弁護士さんから紹介をいただいたり，お会いした人づてで紹介していただいたりしています。

■ これから

　現在開業3年目の後半。今までがむしゃらにやってきたことを再構築し，質を上げていくために，IT化，事務所移転を予定しています。現在の業務をより速く正確にすることと，それでできた余白で別の業務にも挑戦したいと考えています。

副業開業のメリット・デメリット

メリット	・固定収入があるなかでの開業なので廃業リスクが少ない。 ・融資などを受ける場合にも，独立直後の収入見込みがないときより固定収入があるときのほうがよい（私は独立する前の固定収入があるうちに，住宅ローンと創業融資を利用した）。 ・生活費の不安がないため，必要な勉強会や書籍の購入に躊躇することなく，事業に必要な投資をできたと思う。
デメリット	・役所に行ける時間や，お客様と連絡が取れる時間が限られているので，迷惑をかけないように考えると扱える業務には制限が出る。 ・労働時間は無限大になる。通勤時間中は勉強やメール連絡をし，本業が終わったら副業に直行，実務がない日は勉強会や交流会に参加。唯一土日のどちらかだけは休日にするようにしていたが，夕方ごろになると焦りだして事務所に行ってしまうので一日丸々の休日というのはほとんどなかったかもしれない……。

貿易会社サラリーマン×社労士×行政書士

副業禁止の会社を説得，働き方を変えつつ軌道に乗せるまで

成岡 寛人 (40代)

▶ 副業期間：（正社員）2021年9月〜2022年3月，（業務委託）2022年4月
〜2022年9月
▶ 業務内容：ビザ申請，建設業許可，補助金，社会保険手続き等
▶ 報酬金額：1年間で100万円程
▶ 投資金額：300万円程

PROFILE

社労士・行政書士事務所敷地代表。
貿易業界で海外取引を15年経験する。通関士資格保有，TOEIC830点，2017年行政書士試験，2019年社労士試験合格。1年働きながら開業。

■　新規開発事業の関係で資格を取得

　勤め先の会社で外国人有料職業紹介事業の企画・開発を自らが推進していました。他社との差別化を図るため，ビザと労務の範囲まで視野に入れた事業展開を考えたのですが，それには「社労士と行政書士の資格が必要」でした。そこで，仕事や睡眠，食事等，必要最低限の時間以外はすべて勉強に使い，2017年に行政書士，2019年に社労士試験に合格しました。

　しかし，コロナや会社事情により残念ながら事業の開発は止まってしまいました。

　それでも「自ら事業開発がしたい」という気持ちが強く，「資格も取ったしこれを事業として始めてみよう」と開業を考えました。副業NGの会社だったので最初から完全に独立することを考えていましたが，会社に交渉したところ副業の許可が出ました。そこで，正社員サラリーマンのかたわら開業することにしました。

■ 士業事務所の運営に手ごたえ，本業にシフト

　会社では，もともとルーティン業務に加え，任意で開発系の仕事をしていました。ルーティン業務のみにすることで，会社員としての仕事に支障はありませんでした。

　ただ，士業の業務のほうは，未経験開業だったので，今思えば簡単なことでも何をするにも時間がかかりました。実務を調べながら進めるので，いくら時間があっても足りません。同期や先輩の士業仲間に教えてもらいながら，とにかくどうにかして答えを探しました。

　出社前に事務所へ行き，帰社後にまた事務所へ直帰の繰り返しです。休み時間も対応にあてていましたので，休息する間もなく日々疲労困憊でとても苦しかったです。熱意が不足したら続かなかったかもしれません。

　それでも，だんだん事務所運営が軌道に乗ってきて「これは本業としてもやっていけるんじゃないか？」と手ごたえを感じるようになりました。そこで，正社員を退職し，本業と副業を逆転させました。これにより，士業事務所の仕事に多くの時間が使えるようになり，平日の日中も役所へ訪問したりお客様のもとへ伺ったりと自由に動きやすくなりました。それにより士業としての仕事の幅が広がり，お客様からの相談や引き合いも徐々に増えていきました（現在は他のすべての仕事から完全に離れて独立しています）。

■ 副業禁止の会社で副業許可が出た理由

　副業を許されたのは，上司の理解に恵まれていたのが大きいです。転職で入った会社でしたが，入社時からルーティン業務だけでなく企画提案や取り組みを積極的にしており，「新規事業をやりたい」という私の思いは周囲の方々の耳には届いていました。会社で新規事業不可なら副業として自分でやりたい，というのも話としては理解を得やすかったのかもしれません（ただし，上司の理解を得た後は他の役員と社長への直談判が必要で，就業規則を変えての正式な許可を得るまで数カ月かかりました）。

　ちなみに，「ご家族から反対されませんでしたか？」とよく聞かれます。サラリーマン家系なので親や親戚からは不安がられましたが，しかしそこは私の

人生ですので，特に気にせず邁進しました。

　それとは逆に，妻からは一切不安の言葉はありませんでした。後に聞いてみたところ，「やりたいことをやって日々楽しくしてるほうがいいんじゃない。困ることになったら，そのとき困ればいいでしょ」とのことでした。そういえば，彼女自身が日々を楽しむ生き方の人（酒飲み，ギャンブル好き）だったなと，納得しました。

■ これから

　行政書士業務と社労士業務を扱っているため，一企業，一顧客に対して幅広く業務のご提供ができます。ご依頼くださった1件の手続きのみで終わりではなく，更なる提案によりサービス展開が図れます。この強みを活かし，関与してくださったお客様へは事業の発展につながるよう，幅広く深く取り組んでいきたいと思っています。また，活動エリアは事務所がある静岡市を中心に，地元の企業に愛される近くて頼みやすい士業事務所となれるよう，お役立ちをしていきたいと考えています。

▶社労士向けセミナー

▶留学生向けセミナー

副業開業のメリット・デメリット

メリット	・売上を気にしなくても生活は安定し，準備期間の収入確保ができる（時間をかけてゆっくり作りこんでいくことができる）。 ・廃業しても生活できるので，向いていれば独立，不向きなら撤退を選べる。

メリット	・事業投資をしやすい。 ・広報活動により，本業に役立ったり，本業における周囲の人に宣伝したりできる。 ・営業活動を試せる。 ・売上を作ることの難しさを体感できる。何が足りないかも見えてくる。
デメリット	・売上を気にしないので，士業として大事なことが身につかない。何かと余裕があるので緩やかな成長になりがち。 ・自営営業スキルは，実際に独立してみないと身につかない。 ・副業は独立よりも売上を作ることが相当に難しい（取り組める営業活動，受けられる業務が限られる）。 ・実際に本業と両立するのは気力，体力，能力，時間的にかなり大変で熱量は徐々に失われがち。 ・本業の会社で良い関係性を続けられるよう配慮が必要。

Message

　開業してからは，とにかくずっと仕事です。「早く儲からない状態を脱して軌道に乗せたい」⇒「いつまでも素人ではいられない」⇒「次の事業展開へ進みたい」という気持ちの変化もあり，可能な限りすべての時間を仕事に注いでいます。自営だと，赤字や廃業を避けるためにはワークライフバランス等悠長なことをいっていられません。

　また，副業をすると，会社の社内においてマイノリティとなります。そこをうまく対処していける器用さも求められます（当然のことですが，本業が疎かになるようではいけません）。

　副業開業は，相当にきついです。体力，睡眠，能力，熱意，気力，根性，忍耐，時間配分，器用さ，配慮，家族や周囲の理解，こういったところに気を付けないと，何かしらのクレームにつながってしまうでしょう。

　本稿では，よい面だけではなく，大変な面の両方が伝わるように書きました。「こんなに大変なのか」と思われた方もいるかもしれません。でもご安心ください。私自身はこのスタイルでよかったと心から思っています。本稿が，これから開業される方のお役に立つことがあれば幸いです。

一般企業総務人事×社労士

職場の理不尽をなくすため一念発起。61歳で合格

木村 藤子 (60代)

▶副業期間：2021年1月～2022年12月
▶業務内容：社内での「人」に関わる手続き，就業規則や社内規程の作成，年金
▶投資金額：100万円（社労士登録費用等開業費用）

PROFILE

　高校卒業後，銀行に入行。結婚退職後，数年を経て，パートとして銀行に復帰。宅建士を取得し，不動産仲介業務を担当。その後，医療事務や一般企業で総務を担当し，行政機関でも勤務する。50代後半で社労士を志し，5回の受験で合格（61歳）。一般企業で働きながら開業。2023年1月に完全独立する。前職の会社の顧問も務めている。

　総務部長としてリストラの決行を体験し，社労士取得を決意

　高校卒業後，銀行に入行しましたが，結婚退社しました。数年後に子どもを保育園に入れたタイミングで，勤務時の上司から「パートとして戻ってきませんか」とお声がけいただき，復帰しました。

　パートながら宅建士の資格を取得したことを機に嘱託社員となり不動産仲介業務を担当しました。ただ，当時の銀行は大変な男社会です。私の営業成績はよかったものの，「男性は出世がかかっているから」と私の数字を男性に付け替えられたりすることもありました。

　子育てしながら働いていると，いつ子どもが熱を出すかわからない状況です。それを見越して，常に前倒しで仕事を進行しているのに，「パートだから気楽」とか「女性は気楽でよい」といわれるのは，腑に落ちないところもありました。

　その銀行を退職後，銀行勤務時の上司に誘われ，債権回収会社（サービサー）で総務部長として働きました。業績が悪化した際には，経費削減のために営業所の閉鎖やリストラが行われました。その際「誰を対象にするか」は経営陣の判断でした。総務部長だった私はその社員たちとのやりとりの担当でした。社

員から，涙ながらに「何故自分なのか」と問われても，「決定事項だから」としか返せずに悔しい思いをしました。誰もが理不尽なことで働くことを諦めない社会になってほしいと強く願うようになりました。

そして，「社労士という資格を持てば，少しはこうした会社や社会を変えていけるのではないか」と社労士になることを決意しました。

■ 50代後半からのチャレンジ

高卒ではありましたが，実務経験があったので，受験資格はクリアできていました。社労士試験のために，毎年1,000時間程度ストイックに勉強しましたが，4回も1点差で不合格を経験しました。

「自分は向いていないのではないか」とは思いました。ただ，健康で勉強する環境にも恵まれています。そうであれば，辞めてはいけないと思いましたし，何より社労士になりたかったので諦められませんでした。結局，5回目で合格，61歳でした（ブログやTwitter（現X）を始めたのは合格後です。受験生時代は情報過多で逆に不安になりそうなので当時はやっていませんでした）。

■ 転職先の債権回収会社で副業開業

合格当時は，総務部長として当初勤務した債権回収会社は退職し，行政機関勤務を経て，別の債権回収会社で働いていました。

債権回収会社は，特別措置法の規制を受け，法の許可が必要な法務省が所管する会社です。数年ごとに法務省の検査もあります。コンプライアンスや内部統制の知識や経験が必要で，銀行勤務と前職でその経験と知識があることで，お声がかかり入社しました。転職時から，「社労士を目指して勉強している」と伝え，理解と応援を得ていたので，合格後の副業開業の許可の際は問題ありませんでした。

全社的な取り組みもあって法務省検査が問題なく終わり，後任に引き継いだタイミングで退職しました（2022年12月末）。今も，社労士業務ではなく，一般的な顧問として前職の会社には関わっています。独特な報告や年に1回程度しかない業務が多くあり，それをフォローしたりしています。

■ 副業時は「お客様に依頼されたことを一生懸命にやる」スタンスで

副業時は会社の勤務日数を週4日に減らしてもらっていました。ただ，週末や夜だけしか対応できないのはお客様に迷惑をかけると考え，積極的な営業はしませんでした。

給与収入で，業務ソフトの導入，パソコンや複合機の購入をしたり，経営者の団体に入って勉強したり，書籍や研修で知識のブラッシュアップなどの基礎づくりをしていました。その中でも，知り合いの士業からお客様を紹介いただき，仕事を受けることもありました。

ご紹介いただいたことは年金も労務もどちらの業務もやりました。お客様に依頼されたことを一生懸命やるというスタンスでした。

初めて障害年金の請求を受注したとき，私のような初心者が引き受けてよいのだろうかと，先輩社労士につなごうとしたこともありました。そのときいわれたのが，「誰でも最初は初心者だから」ということです。お客様にも「木村さんにお願いしたい」と仰っていただき，年金事務所で教えてもらいながらやり遂げました。お客様のために頭を下げることには抵抗はありません（笑）。

■ 開業準備としてやったこと

まずは，事務所の名前を決めました。オシャレな名前をとも思いましたが，自身の名前をいれ，友達の意見も聴きごくシンプルな「ふじ社会保険労務士事務所」としました。

名刺などに使う事務所のロゴにはこだわり，受験生時から知り合いのデザイナーにお願いをしていました。

また，経営者団体のセミナーを受講し，事務所の経営理念を作成しました。わくわくできる日ばかりではないかもしれませんが，私がわくわくしないのに，お客様や周りの方がわくわくできるはずはないと思います。この経営理念は，私の行動の軸となっています。

ふじ 社会保険労務士事務所 ＜ ロゴ

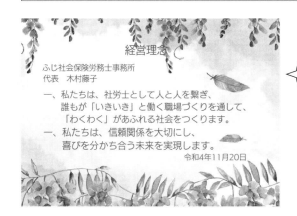

経営理念

ふじ社会保険労務士事務所
代表　木村藤子

一、私たちは、社労士として人と人を繋ぎ、
　　誰もが「いきいき」と働く職場づくりを通して、
　　「わくわく」があふれる社会をつくります。
一、私たちは、信頼関係を大切にし、
　　喜びを分かち合う未来を実現します。
令和4年11月20日

■ これから

　私は，「恩送り」という考え方を大事にしています。

　今までの私は，周囲の人に恵まれてきました。退職しても「うちで働かない？」と声をかけていただき，実は，採用試験を受けたことがあまりありません。私のことを思い出してもらえるのは大変光栄で幸せなことで，たくさんの人のおかげで生きてきたことへの感謝しかありません。その「ご恩」をお返ししたいと思っていますが，直接お返しすることは難しかったりもします。だからこそ，他の方に「恩」をつないでいきたいと考えています。

　2023年5月に，広い事務所に移転しました。今は1人で仕事をしていますが，お客様に安心していただくためにも一緒に仕事をするパートナーを増やすことを考えてのことです。

　さらに，年金関係の仕事をやっていることもありますが，「恩送り」として，事務所を障害のあるお子さんやその保護者が気楽に来られるような居場所にしていけたらと考えています。障害のある子どもを育てる保護者が，いつも周囲に謝ったり，気が休まることがない状況を目の当たりにすることがあり，そんな状況が少なくなればと願っています。

　私は専門家ではないのでアドバイスはできませんが，話を聞くことはできま

すし，障害年金や福祉の面で必要なことがあれば，他の方につなぐことができます。「駆け込み寺」ではないけれども，ちょっと人が集まって，「○○さんのお母さん」ではなくて，自分自身に戻ってホッとできるような場を作っていけたらと考えています。

　お客様との信頼関係を大切にし，お客様の伴走者として寄り添い，真摯に一生懸命に仕事をしていきたいと考えています。

> **Message**
>
> 　SNSを見ていると，ほかの社労士の先生がキラキラして見えます。でも，人と比べてもその先生になれるわけではありません。
>
> 　私には私だからできることがきっとある。
>
> 　私の「強み」は何か。
>
> 　それは，「社会人を40年もやっていること！」。
>
> 　年齢はマイナスに捉えられがちですが，私自身は今までの人生の証である年齢も私の強みだと思っています。

リモート秘書×社労士×子育て×セミナー企画運営
最初の顧問先にはママチャリで！

稲葉 知秋 (30代)

▶副業期間：2020年8月〜2020年12月（本業はリモートでベンチャー企業の
　バックオフィス業務）
▶報酬金額：お小遣い程度
▶投資金額：開業準備に100万円程度

PROFILE

　芸術系の大学を卒業後，会社員期間を経て結婚出産。自身の産休育休をきっかけに社労士の仕事に興味を持つようになり0歳と1歳の子育てをしながら独学で社労士試験に合格。2020年京都で開業。開業当初は東京にある会社に完全在宅で勤務。ベンチャー企業の裏方や求職者向けの研修プログラム作成，テレワーク推進に関する業務を行い開業時にはそういった経験がプラスとなった。当初は労務と年金どちらの業務も行っていたが今後は年金に特化していく予定である。セミナー企画等を得意としており，主催しているセミナーの参加者は年間延べ2,000名を超える。

■　社労士試験に独学で一発合格

　自身の産休育休をきっかけに，社労士の仕事に興味を持つようになりました。当時，子どもが0歳と1歳だったので通学は諦め，ネットで購入したテキストを活用し独学で試験に挑みました。学習予算も限られていたので最小限の基本書等を購入。私の場合はあれこれ教材を購入するより，同じ基本書をボロボロになるまで読み込む方法があっていたのかなと思います。

　また，まとまった学習時間は取れないので，毎晩子どもを寝かしつけながら過去問サイトで問題を解いていました。

　努力の甲斐あって本試験も満足できる点数で一発合格できました。

■ 副業に至るまでの経緯

　京都在住ですが，東京にある会社に完全在宅で勤務していました。ベンチャー企業の社長秘書のようなバックオフィス業務がメインでした。

　社労士試験合格後もなかなか社労士業務に関わる機会を得ることができませんでした。社内で関連のある業務には積極的に手を挙げていましたが，「もっと社労士の資格を活かしたい」との思いで会社に在席したまま開業することにしました。会社も理解があり，同僚の多くが副業や兼業者だったので，開業する際も気持ちよく背中を押してくれました。

■ 副業期間中にやったこと

　本業は勤務時間を自由に選べたので，子どもの成長に合わせて徐々に時間を延ばしていきました。

　副業としての社労士は，なにしろ未経験開業なので，まずは開業登録をして，社労士会の研修を受けてみたり，社労士業務に必要な物や情報を収集したり挨拶回りをしたり，ゆっくり準備を進めました。初めての顧問先を訪問する際にはママチャリで移動していました。

■ 副業として社労士業をやっていてよかったこと

　本業の会社で社労士業務に関連のあるプロジェクトに参加させてもらったり，社労士として意見を述べさせてもらったりしたことです。このような経験は，独立開業した後では経験できなかったと思います。例えば，サテライトオフィス設置や子育て中の方が復職するための研修企画，地方の求職者向けのテレワーク研修などは学びも多かったです。会社と某県との立地協定調印式に出席したこともありました。

　そして，会社で社労士業務ではなく，他の専門分野の仕事が増えたタイミングで，会社を退職し，完全に独立しました。まだホームページは公開していませんが，主に紹介で仕事が続いています。

事務所

子育てとの両立

　子育てとの両立については，本業では，完全チーム制で仕事を行っていたので，動けないメンバーがいれば他のメンバーが代わりに対応していました（業務別に多数のチームがあり，やりたい業務が多数あれば複数のチームに所属するという形式でした）。

　社労士開業後も，リモート文化が広まったおかげで子どもの体調不良にも柔軟に対応できています。あとは，子どもが小さいうちは納期のある業務を受けないという選択もあると思います。

　スマホ一つで仕事ができるので，コロナ禍では子どもを見ながら仕事することもありました。仕事に集中する時間は仕事だからと説明すると子どもも遊びや学びに集中するようになりました。このように，オンとオフをはっきりとは分けていません。

セミナー開催について

　セミナーの企画が得意で，オンラインのセミナーを多数主催しています。基本的には，自分が学びたいと思ったことを形にしています。講師と受講者のミスマッチが生じないように内容を考えること，講師にも報酬以外にメリットが生まれるように企画することを常に考えています。

　運営としてはいかにカスタマー負担を減らすかがポイントです。カスタマー負担さえ減れば運営フローは難しくなく，定型化も可能です。あとは講師や受講生とテキストベースでやり取りするので，テキストコミュニケーション能力

は必要だと思います。

「セミナー開催のメリットは？」と聞かれますが，無料セミナーや安価なセミナーでは，金銭的メリットはありません。挙げるとすれば，人脈が広がったことくらいです。

また，仕事に結びついている訳ではありませんが，同業者と一緒に企画運営すると，仕事の進め方で学ぶこともあります。目立ちたい訳ではありませんが，セミナーをやると目立つので全然関係のない業種の方から興味を持ってもらえることがあります。社労士以外に何か取り組みたいことがあればそれは強みになるかなと考えています。

▶セミナーチラシ

▶セミナー資料

副業開業のメリット・デメリット

メリット	収入を安定させながら少しずつ社労士業務の幅を広げられる。
デメリット	副業の日中のレスポンスが遅くなる，もしくはできない，スケジュール調整が難しい。

Message

　セミナー企画運営は私にとって本業ではありません。
　本業である社労士としての仕事をしっかり頑張りたいと思います。
　また，障害年金支援を通して社会資源に関する周知や支援者への研修の必要性を感じています。医療関係者や障害者支援を行っている方々と関わる中で社労士として何ができるのか模索している最中です。

地域包括センター長×社労士×子育て
介護の課題解決を目指して諦めずに7回受験

山本 武尊 (40代)

▶副業期間：2021年8月～2022年1月
▶業務内容：介護業界の顧問，記事執筆，セミナー
▶報酬金額：約300万円程度（2022年1月～12月）
▶投資金額：150万円程度

PROFILE

　おかげさま社労士事務所代表。

　大学（福祉学）卒業後，大手教育会社を経て，介護業界へ転身。介護業界に関わる人の優しさに触れると共に，低待遇と慢性的な人手不足の課題解決のため社会保険労務士の資格を取得し，2021年に開業。地域包括支援センターでセンター長として長年勤務した経験を活かして，介護現場の最前線で活躍する事業所と人をサポートしている。また，介護関連の記事の執筆・監修者としての活動や介護事業所向けの採用・定着・育成・組織マネジメントなど，介護経営コンサルタントとしても幅広く活動中。保有資格は，社会保険労務士，社会福祉士，主任介護支援専門員，介護福祉経営士1級，ファイナンシャルプランナー2級（AFP），簿記3級。

　事務所HP　https://www.okagesama-sr.com/
　Facebook　https://www.facebook.com/takeru.yamamoto3
　X（旧Twitter）https://twitter.com/takenokoen0412

■ 「介護業界を変えたい」　社労士を取得

　社労士試験合格は2020年11月，2021年8月に副業開業としてスタート，2023年2月に完全独立開業となりました。1年半の副業期間を経て，独立開業をしました。

　「どうして地域包括センターのセンター長が社労士に？」とよく聞かれます。

　一言でいえば仕事での自己実現の手段の一つが社労士という資格であったからです。

　私が勤務していた法人は医療機関が母体でして，退職するまでの約18年間のうち医療機関で約2年間，医療ソーシャルワーカーとして勤務し，その後異動があり地域包括支援センターで約16年間勤務しました。仕事は安定していまし

たし，最前線でプレイヤーとして働くやりがいがありました。センター長（管理職）になってからは，組織をまとめる必要もあり，大変ではありましたが働き甲斐を感じていました。

その中で社労士を志したのは，介護事業所，介護施設では「人」の課題が大きかったからです。職員同士の人間関係が原因で職場を辞めてしまい，高齢者が寂しがる姿もたくさんみてきました。自然と「介護（ケア）する人を支えたい（ケアしたい）」と思うようになりました。

また，従業員のことを考えている経営者もいれば，そうでない方もみてきました。地域包括支援センターからすれば，介護事業所は大事な社会資源です。今の高齢者が安心して過ごすことができる社会を創ることは未来の私たちや子ども世代の安心にもつながります。その大事な資源（介護事業所やそこで働く人たちの雇用）を守る必要があると感じました。

これは，地域課題ではなく，日本全体の課題です。地域包括支援センターの仕事は行政の仕事（公務）なので，課題解決をしたい，世の中に訴えたいと思ったときに，この立場では限界があります。そこで，社労士資格を取得しました。

■ 長かった受験生時代

「社労士資格を取得」と一言でいいましたが，合格までには7年かかりました。社労士試験は1年に一度行われる試験ですが，試験には「選択式」と「択一式」の2形式あります。それぞれに設定された合格基準点をクリアしなければ合格できません。選択式試験では合格する前3年間は1点が足りなくて，その1点が遠く辛い日々が続きました。今思うと，それでも私が社労士になることを諦めなかったのは介護業界に貢献をしたいという想いが強かったからだと思います。

■ 合格後から開業を決意するまで

あれだけ開業することを夢見ていたのに，念願の合格を果たした後，具体的な行動に移すことができませんでした。子どももいて，「もし上手くいかなかったらどうしよう」と不安でした。そこで開業の準備ということで実務に関

連する他の資格の勉強（年金アドバイザー・メンタルヘルスマネジメント・給与計算実務能力等）をしましたが，資格を取っても安心材料にはなりませんでした。むしろ，「資格の勉強に逃げている」自分に気がつきました。

　そのとき，週末士業という働き方もあることを知り，職場が副業できる環境でもあったため，開業登録をしました。

　「家族に反対されませんでしたか？」と聞かれますが，妻は私が好きで副業をするのを応援してくれました。ただ，忙しくなることによる健康面での心配をしていました。そこで，以下の条件でやっていくことを2人で決めました。

　　①　とことん好きなことをやること
　　②　自宅での家事の分担はこれまで（受験生時代）と変わらない中でやっていくこと

■　副業開業は未来への種まき

　副業開業時代にやっていたのは，主に未来への種まきとブランディング活動です。時間が本当に貴重だったため顧客は介護業界に絞り，お手伝いさせてほしいと私が思える相手と契約をしておりました。副業期間がなければ，こういった業界特化スタイルの事務所を軌道に乗せるのは難しかったと思います。

　労基署やハローワークなど行政の対応は基本的に昼休みの時間を活用しましたが，電話をもらっても，就業時間に折り返しができないため，顧問先となるお客様には，私が本業の仕事をしていることを正直にお伝えして事前に了承をもらっていました（土日祝日休みという一般企業の勤務形態ではなく，シフト管理であったため，平日1日がまるまる副業に使えたのは助かりました）。

　その他，記事の執筆や監修，セミナーや処遇改善加算手続き業務などスポット的な仕事もしました。締め切り（納期）がありますが，自分の裁量で仕事ができるのでおススメです。セミナーは特に自分のサービスをアウトプットする最高の機会とセルフブランディング（営業）にもなるため，一石二鳥でした。

　副業で得た報酬は約300万円程度です。大きな収入にはつながりませんでしたが，副業を卒業した後のビジョンが明確になりました。また，多くの人と会い，お金に代え難い資産を増やすことができました。

　コロナ禍での開業（副業）で，顧客によっては夕方以降のタイミングでもオ

ンラインで打ち合わせができ，セミナーや研修会にオンラインで出席できたの
も時間がない中で助かりました。

取材された
記事

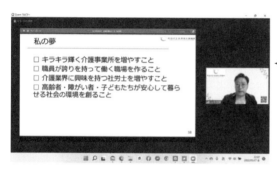

オンライン
セミナー

■ ワークライフハーモニー

ワークライフバランスは取れていたかといえば私の場合は皆無だったと思い
ます。どこかのタイミングで完全独立をしようと考えていたので，ワークイズ
ライフ（仕事が生活），ワークライフハーモニー（仕事と生活の調和や一体化）
という感じでした。

とにかく時間がない中でどう計画を立てるかに必死で，オンとオフも十分に
分けられていない状況が今も続いていますが，「好きなことをしている」感覚
なので特に苦痛ではありません。

■ 完全開業に踏み切った理由

　段々と物理的な時間の確保が難しくなり，本業先，副業先に迷惑をかけないように完全開業を考えるようになりました。

　完全開業の目安として「副業の収入が本業を超えてから」「副業収入が800万円を超えてから」など聞いてはいましたが，それに至らない状況で飛び出してしまいました（あくまでも私の場合で，逆に細々と実務経験を積み，開業するタイミングは定年後からというスタイルもありだと思います）。

　子どももまだ小学生で，それほどお金が掛からない時期なので，私の場合結果的によい時期だったと思います。それ以上に，妻が，「お金より好きなこと，やりたいことをやってほしい」というスタンスで応援してくれたのが大きかったです。

　副業開業でも完全開業でもリスクはあります。経済的なものだけでなく，家族との時間，健康などを失う可能性もあります。それゆえ，中長期的な視点でご自身が一番大事にしている価値観と周囲の協力が大事であると思います。

勉強・本業・副業で
スケジュールが
ビッシリ！　の手帳

■ 仕事はどう獲得しているか

　副業期間は時間も限られているため，営業活動をセーブしていました。その中で，「開業後に何をしていくか」方向性が定まったのは大きかったです。

　現在は，副業期間に知り合った方からの紹介に加え，HP からのお問い合わせや SNS の DM から仕事を得ています。SNS の DM での連絡が，仕事につながるとは限らないのですが，オンラインで詳細を伺い，可能であればリアルで会い，何か助け合うことはできないか，新しいビジネスに発展する可能性があるのかなどを探ります。

　すぐに仕事につながらないとしても，困ったときに思い出していただけるよう，私のできることをお伝えします（処遇改善加算の申請手続き，介護事業の指定申請，介護事業・施設の運営指導の内部監査や立ち合いなど）。こういった種まきが，半年後，1 年後に実を結ぶことを実感しています。

■ これから

　介護という切り口で社労士の枠を超えて働いていきたい，介護のことを伝える人でありながら，結果として社労士でもあったというのが理想です。

　社労士の独占業務や顧問先との関係は仕事の基盤ではありますが，介護業界に特化した「お客様の求めている人」になるために社労士にこだわらずに多岐にわたり活動していきたいです。

　具体的には「仕事と介護の両立」「介護離職防止」というテーマや外国人労働者（特定技能・技能実習）の受け入れなど，日本の介護業界の課題に対して自分にどんな貢献ができるかを考えています。

副業開業のメリット・デメリット

メリット	・経済的なリスクを最小限にできること。 ・業界に特化した事業経営ができること。 ・開業できそうかを見極めるための試験運用ができること。 ・いわゆるゼロスタートを回避できること。 ・とにかく取得した資格を活用できること。 ・無理をして嫌な顧客や仕事を引き受けなくてもよい。 ・長期的な視野でゆとりを持った事業をすることができる。
デメリット	・とにかく時間的制約がある。 ・計画的に仕事をしているため臨機応変な対応が難しい。 ・経済的なリスクを取らない分，成長スピードには欠ける。 ・顧客からの信頼性に欠ける（覚悟があると思われない）。 ・片手間でやっていると思われがち（もちろんそんなつもりは毛頭ありません）。

Message

　読者の中には，家族の反対等で副業が現実的でない方もいらっしゃると思います。すぐに副業しなくても，資格の勉強をして将来やりたいことを考えることや，自分の可能性を広げることも立派な将来への投資だと思います。

　完全開業したとき，私に迷いはありませんでした。迷っている方はもしかするとまだ完全開業をするタイミングではないのかもしれません。

　また，完全開業してみて「違うな」と思えば，サラリーマンに戻る選択もあります。勇気を持って踏み出した一歩は決して無駄にはなりません。

　とにかく「今」というこの瞬間を大事にすること，それを許す環境のタイミングが合ったときが，踏み出すタイミングだと思っています。

運送業の人事×社労士×子育て×登山

ワークアズライフ！　登山も仕事も私の人生そのものです！

髙木 明香 (30代)

▶副業期間：2021年7月〜2022年1月
▶業務内容：就業規則の作成
▶報酬金額：独立して6カ月以内に時短正社員として働いていた時の月収を超えた
▶投資金額：約70万円（PC・プリンター・デスク購入，経営者団体加入，労務システム導入等）

PROFILE

　短大卒業後，金融，製造，人材派遣，運輸と4つの業界を経験（職種は事務と営業）。登山を始めたのは2013年で登り始めてもう10年。一番の目標は日本百名山を踏破すること。現在は80座登頂し，8年以内の踏破を目指す。

■　理不尽なパート切りをきっかけに，社労士を志す

　正社員，派遣社員，パートとさまざまな雇用形態も経験してきました。人材派遣会社にてパートとして働いていたとき，とても楽しく働き，仕事も評価していただいていたにもかかわらず，親会社の方針転換で，「パートは一律契約期間満了で退職」となりました。

　仕事ぶりが認められて，働きやすさと働きがいがあっても，いきなり仕事がなくなるときが来ることに衝撃を受けました。その経験から，自身でキャリアのことを真剣に考えなくてはと，人が働くことと直結し，そのサポートができる社労士資格を取得することを決めました。

　社労士試験合格当時，働いていたのは運送業の人事課です（正社員として約2年）。入退社が激しく，ドライバーの特殊な働き方，給与支給等で給与計算が複雑でした。

　2020年に合格し，2021年7月に兼業社労士として開業登録します。会社の就業規則では，許可を取れば副業兼業はOKだったので，少しずつ根回ししていきました（上司への開業匂わせ，副業許可申請書フォーマットを自身で作成など）。

その後, 2022年1月に運送会社を退職し, 社労士事務所で修業兼パートをしつつ, 副業というスタイルをとりました。

2023年4月に自宅兼事務所を飛び出し, アパートの1室を借りて, 事務所らしい事務所を構えることができました。

■ 最初の仕事は就業規則の作成, 緊張で眠れなくなる

登録してから3カ月目に, 経営者団体の会で出会った社長から, 就業規則の作成依頼を受けました。朝4時台に起きて仕事をしましたが, はじめてだったこともあり, 大変でした。育児もあり, 睡眠時間を減らさざるを得ず, 緊張から来る腹痛とえずきに襲われながら, 就業規則作成を続け, これでは身が持たないと思いました。

他の先輩社労士も「社長が仕事を依頼するなら, 覚悟を持って独立している社労士がいいと思うのではないか」と背中を押してくれ, また, 修業先の社労士事務所も決まっていたので, 運送会社の退職を決めました。

独立開業して1年目の社労士収入は, 正社員時代の総支給額と同じくらいの売上になっています。

■ ワークアズライフ

会社員時代は, 給与が発生しなければ, 働きたくないし, サービス残業もしたくないと思っていましたが, 副業であった社労士業については, 時間さえあればパソコンと向き合い, 作業をしていました。

時間を費やせば費やすほど, 自分やお客さんのためになるので, ワークライフバランスというより, 「ワークアズライフ」という感覚です。仕事とプライベートの分け目がしっかりできていませんが, それだけの価値があると考えています (ただ, 家族には, 仕事と休みは線引きしろといわれています)。

「山に登ること」「子どもと過ごすこと」と同じく「社労士で在ること」が私の生きがいになっています。

山登りは完全なオフ

　私にとっての完全なるオフは，登山中です。山深い山は電波の入らない状況ですし，社会と自分を断絶することができます。山に登り，無理矢理オフにすることで，オンオフを切り替え，メリハリをもって活動できていると思います（独立開業してからのほうが，私にとっての登山の優先順位が上がった印象です）。

現在日本百名山，
80座登頂！

子育てと個人事業主としての働き方について

　士業は個人事業主なので，会社員に比べて子育てと両立しやすいように思われがちです。ただ，子どもの特性，年齢にもよるので，両立がしやすいとはいい切れないと思います。私の場合，仕事で育児をおろそかにすることのないよう，子どもの寝ている早朝の時間に仕事をしていました（兼業中は，夕食後など仕事をすることもありました）。気をつけているのは，「求められたら抱っこする」「反応をしてあげる」ことです。どうしてもイライラしてしまうこともありますが，できる限り子どもには笑顔で対応するように心掛けています。

100通ほどの往復はがきで挨拶状

　仕事は，他士業や同業者からの紹介，経営者団体の会でお会いした方からの紹介が多いです。開業当初は，社労士の先輩に，「どのように他士業とつながったか」を聞きました。先輩のアドバイスを参考に，同じ市内にある他士業の事務所に100通ほど往復ハガキで挨拶状を送り，返事をいただいた他士業さんの事務所に挨拶に行って，つながりを作りました。

■ これから

　実務経験が少ないので，経験の豊富さをアピールすることはできない分，お客様には，素の私をできるだけさらけ出すようにしています。そして，それでも信頼してくださる方，人として誠実だなと思っていただける方と関係を構築しています。最終的に「人対人」の仕事なので，人間関係の構築はこれからも永遠のテーマになると感じています。

　士業は勉強が大事なので，早朝の時間，電車での移動中などに本を読んでいます。さらに，自主研究会を作り，平日の夜間にオンラインでディスカッションしたり，仲間内で研鑽したり，アウトプットにも努めています。勉強することが多く大変ですが，頑張っていきます。

副業開業のメリット・デメリット

メリット	・収入面では，本業とダブルインカムになるので，大変なメリット。 ・本業が会社員や使われる側であった場合に，士業として個人で動くことにより，自由に動けることの楽しさであったり，逆に会社に守られていることのありがたさも感じる。最終的に自分にあった働き方を選択していけるのがよい。
デメリット	・時間がないことが最大のデメリット（メリットともなり得ますが，時間の使い方がかなりうまくなった）。

Message

　登山は月2回以上！　8年以内にあと20座残っている日本百名山制覇をしたいと思っています。

　現在は，社労士として一般的な手続き，労務相談をメインにしていますが，いずれは3号業務といわれるコンサルの部分に関わりたいです。

　また，企業の組織形成のための人事評価制度や，社員教育，セミナー，登山と連動したワークショップ開催なども考えています。

　現在は1人事務所ですが，最終的に複数名の社労士事務所にして，年に1回くらい，私が1週間ほど山に籠もっても問題なく事務所運営ができる事務所にすることが最大の夢です。

コンサル会社×診断士×推し活

副業10年，アイドルやクリエイターをサポートしたい

大坂 良太 (30代)

▶副業期間：2015年〜現在
▶業務内容：経営アドバイスや業務改善等
▶報酬金額：本業のコンサルよりはお安め
▶投資金額：昔なので……（パソコンはいつも最新のものに買い替えます）

PROFILE

　2010年理系大学院修了。化学メーカーのエンジニアを経て2015年中小企業診断士取得。経営コンサル，IT コンサル，広告代理店系コンサルで働きながら副業をしたりしなかったり。Twitter（現 X）上では「O 坂 LLC」（私の副業や趣味，コンサルティング業界に興味のある方は，フォローいただけると嬉しいです！）

◼ エンジニアとして就職してから診断士資格取得まで

　大学院修了後，化学メーカーのエンジニアとしてキャリアをスタートしました。工場や研究所で日々仕事をする中で，より経営に近い仕事に関わりたいと思うようになり，新卒 3 年目に独学で診断士の勉強を始めました。

　2 度目の受験で診断士試験に合格したとき，海外転勤のタイミングと重なったことから，エンジニアとしてキャリアを続けるか，経営方面のキャリアにチャレンジするかを判断し，5 年間勤務した化学メーカーを退職しました。1 カ月の就職活動の結果，めでたく Big 4 の経営コンサル会社に内定をいただき，東京での経営コンサルタントのキャリアをスタートしました。

　その後，経営系・IT 系・広告代理店系とコンサルティングファームを渡り歩きつつ，副業をしたり（在籍会社によっては）しなかったりして10年近くになります。

　最初の副業は，徳島の飲食店のマーケティング支援です。副業をしようと考えていたわけではなかったのですが，診断士の登録要件※を満たすために必要となりました（案件は，趣味の SNS つながりから入ってきました）。

① 登録実務補習機関で実施される実務補習を受講する。(15日間 or 5日間 × 3セット)

② 中小企業・小規模事業者においての実務従事経験

　具体的な支援内容は，社長さんとお話ししながら「すべきこと・すべきでないこと・できること・できないこと」を明確にすること。そして「すべきこと・できること」は社長と私が，「すべきこと・できないこと」は，他の方に依頼する，代替方法を考えるなど実現方法を検討したり，壁打ちしながら支援内容を具体化していきました。支援期間では，SNSの運用やWebサイトの改善，店舗のデジタル化，ご当地名産品の開発などの案件に取り組みました。最初の副業としてとてもよい経験になったと思っています。

最初の副業クライアント
「突貫亭」社長と。
(STU48の6周年ライブの帰りに撮影)

■ 副業における主な案件

　診断士を取得していますが，経営診断業務や，セミナー講師の経験はなく，主にマーケティング関係の仕事をしています。現在まで5社約10案件に取り組みました。平均して，常に3〜4案件を同時に行っていて，2, 3年近く継続してご支援させていただいている案件もあります。

　マーケティングの中では，顧客像の定義やブランディングなどマーケティング戦略に近い部分から，広告やマーケティング施策の具体化，企業SNSアカウント運用まで行います。本業のクライアントは大企業ですが，本業で検討したアイデアや施策も中小企業のマーケティングにおける発想のきっかけとなります。

◼ ワークライフバランス

　本業も副業もリモートワークが主体で，月1のミーティングも Web 会議です。常にパソコンを持ち歩いているため，プライベートの予定の間に作業をするなどスケジュールを柔軟に組むことができます。仕事柄，抱えている案件についての個別の課題や，長期的な構想などを考える時間も多いですが，毎日2，3時間は確保できています。

　独身で，また，コンサルティングファームという一般的に激務とされる環境で働いていることもあり，長時間労働の耐性があるかもしれませんが，個人的にはワークライフバランスは取れていると思います。

◼ 副業の獲得方法

　仕事の獲得方法は「営業」と「紹介」に分けられると考えています。

　「営業」は自分で仕事を取りに行くこと，「紹介」は相手から仕事をもらうことです。士業のほうが，営業も紹介もやりやすい部分はあります。新人診断士の場合，診断士協会や先輩診断士から案件を紹介してもらう方法があります。他の士業でも同様のコミュニティがあります。

　「営業」についても，例えば，仲のよい先輩診断士や先輩士業に相談してみるのもひとつの方法です。今は Twitter（現 X）で簡単にコミュニケーションがとれますし，リアルな場で会い，お互いの人柄やスキルがわかれば，案件につながることも少なくないはずです。

　クラウドソーシング（副業紹介）サービスを利用する方法もあります。依頼者の要件に対して，自分ができることを営業（提案）することは必要ですが，ここで準備した文章や提案書は今後の営業ツールとして役立ちます。

　もし，副業案件のテーマが SNS の運用代行であったとしても，依頼者の達成したい目的（売上や利益の向上，事業規模や領域の拡大）と課題（やり方がわからない，人がいない，お金がない等）と向き合うことが大切です。

　依頼者と事業目的や課題についてディスカッションしていると，自然と経営・マーケティング・組織などの会社全体に関わる話になっていきます。やりたいことや困りごとに対して都度丁寧に向き合って応えていく姿勢が大切だと

思います。「何か自分にできることはないか」という気持ちを，経営者はきっとくみ取ってくれるはずです。

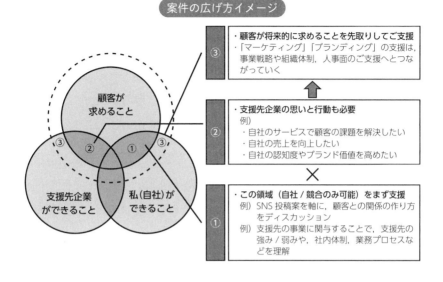

以下では，副業のメリット・デメリットについてお話ししたいと思います。

■ 副業のメリット

①さまざまな経験ができる

　副業を通じて，業務委託先やクライアントのお客様など新しいつながりができました。チャットツールやオンライン会議ツールを利用することで，時間や場所の制約なく，人とつながることができる時代です。1つの仕事をきっかけに，1つのプロジェクトやコミュニティに所属している感じがしています。もちろん，新たな業務経験が得られる点もメリットです。Web記事のディレクションの副業を行っていますが，編集やプロジェクト管理の仕事は，広告などに使われるクリエイティブの制作，案件の進捗管理ともつながる部分があります。この副業経験は，本業の新たな領域の仕事の機会にもつながりました。

②お金がもらえる

　副業ですのでもちろんお金がもらえます。短期・長期の両方の案件がありま

すが，私は比較的長期の案件が多いため安定収入になっています。

▓ 副業のデメリット

①単価が本業より低い場合もある

　士業の仕事は労働集約型になりがちです。そのため本業よりは単価が低くなる場合も多くあります。また，営業して案件が取れないときもありますし，新たな案件だと，仕事自体に慣れていない場合もあり，単価が低いと感じることは多いかもしれません。

②繁忙期のコントロールが難しい

　複数の副業をしていると，発注者や協業するチームも別となる場合があります。この場合，作業量をコントロールする自由度は低くなります。それぞれの副業の内容を知っているのは自分だけなので，自分で業務内容や作業時間のコントロールが必要です。

　繁忙期コントロールのポイントが2つあります。1つは，常に余力のある状態をキープしておくこと。もう1つは，高単価の案件を共通の発注者から受けることです。具体的な方法ですが，案件の初期単価は安く設定しておき，先方がさらに案件を依頼したいと思った際に追加で依頼をいただく余力を残しておきます。この時，より高単価の仕事を優先的に受けるようにします。

　例えば，SNS広告運用の案件を別々に2件受けた場合，作業量は単純に2倍ですが，SNS広告のみならず，Web全体のコミュニケーション設計という案件であれば，作業量はそれほど増えず単価が上がります。

　より上位概念の仕事を受けることは，経営者の困りごと（課題）の本質について向き合うことでもあるので，委託者の仕事に対する満足度の向上にもつながります。日頃のディスカッションが，新たな案件を受ける営業活動そのものになるため，一石二鳥です。

　会社員として勤務する会社の仕事が本業となる場合が多いと思います。会社員としての仕事のほうが，多くの人と長い期間が必要な大規模案件である場合が多く，自分1人でのコントロールは困難となります。そのため，常に20%程度の余裕は残しておくことが大切です。　仕事を選ぶのですから，「自分の好きな仕事をする」ことも大切だと思います。

■ これから

　私の趣味はアイドルやクリエイターの応援なのですが，今後，マーケティング系のコンサルタントの経験を活かし，よりシナジーする領域で応援していければと考えています。

　今の仕事は，主にWeb上でのマーケティングがメインです。今後は，実店舗や公共の場などのリアルな場で提供されるマーケティングや広告について，私自身が自分で案件をとり，企画を増やしていきたいです。そのために，さまざまなクリエイターさんと協業してプロジェクトを推進する力をつけようと思っています。

Message

　長期的な夢として「論理的思考力とマーケティングの民主化」を進めていきたいです。これからは，個人が自分ならではの能力を活かして，企業や人と自発的につながって課題を解決していく，そんな世の中になっていくと思います。
　私が関わるプロジェクトの中で，思いを形（文章や絵，表現）にし，それを伝えるべき人に伝える（マーケティング）力を，より多くの人が重要だと感じて，楽しんでいくことのできる，そのような社会の手助けがしたいです。

【「マーケティング4.0」の世界の実現】
　「マーケティング4.0」というマーケティング用語があります。商品やサービス（モノ）を売るときに，そのモノ自身の価値を売り手側の都合でマーケティングする（マーケティング1.0）のではなく，そのモノを通じた「体験」をサービスとして提供する（マーケティング3.0/4.0）という考え方です。
　「マーケティング4.0」は「自己実現」という体験を，顧客に提供しているといわれています。アイドルの応援をしていたファン自身がアイドルになったり，自分の夢の職業につく機会を得たりと「自己実現」をしている人が私の周りに多くいます。「アイドル文化」や「推し活」のマーケティング上の重要性についてもさまざまな記事で取り上げられるようになり，早くも数年が経ちました。
　私自身も，診断士受験生時代は乃木坂46に，最近では，士業を目指した当時住んでいた「せとうち」を拠点とするSTU48や，元アイドルをしていた方が立ち上げたグループである=LOVEやOnephonyの推し活を楽しんでいます。メンバー自身や，グループのさまざまなコンテンツに携わるすべての人たちの「仕事」に触れ，日々エネルギーとアイデアをもらい，私自身もより多くの人に，

論理的思考力とマーケティングの力を伝えていければよいなと考えています。

マーケティング4.0の世界観

サードプレイスとしての「推し活」の場は、リアルとデジタル両領域に広がり、
ファンとアーティストが共に協業した形で新たなコンテンツがリアルタイムで生まれていく

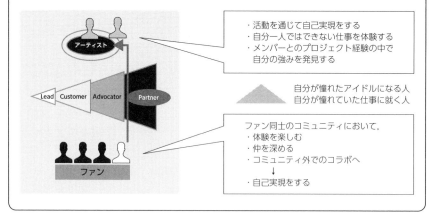

・活動を通じて自己実現をする
・自分一人ではできない仕事を体験する
・メンバーとのプロジェクト経験の中で
　自分の強みを発見する

自分が憧れたアイドルになる人
自分が憧れていた仕事に就く人

ファン同士のコミュニティにおいて,
・体験を楽しむ
・仲を深める
・コミュニティ外でのコラボへ
　↓
・自己実現をする

ベンチャー企業人事×診断士× 占い師× YouTuber
自分の事業立ち上げを目指して

木村 桃子 (20代)

▶副業期間：2021年〜現在（Web マーケティング企業で人事部に在籍）
▶業務内容：コンサルティング・執筆
▶報酬金額：150万円（1年目）
▶投資金額：特になし

PROFILE

　大学は服飾系の学部に進み，新卒ではアパレル企業に就職。社会人3年目で転職し，人事系にキャリアチェンジ。コロナ禍で時間があったこともあり，なんとなく興味を持った中小企業診断士の資格取得を決意し，1年でストレート合格。その後，副業も可能なベンチャー企業に転職し，人事としてのキャリアを歩みつつ，診断士業務にも取り組んでいる。ほかの副業として，診断士の受験指導や占い師も手掛けている。

🔲　副業を始めた経緯と開業した理由

　コロナ禍で時間に余裕ができ，資格取得を決めました。一発合格しましたが，何よりも「絶対に一発で合格する」と強く思っていたことが大きいです。資格を取る以外のことは一切考えず，試験日からやるべきことを逆算して漏れなく，無駄なく取り組みました。1次試験，2次試験ともに，やったのは主に過去問演習です。通信の予備校も受講していましたが，送られてくるテキストが膨大なので，自己判断で重要論点だけに絞りました。

　2次試験で実際に解いた答案を Twitter（現 X）にアップしていたところ，一定程度文章構成力があると思っていただけたのか，先輩から Web メディアの執筆や編集を振ってもらえるようになり，副業がスタートしました。

　その後も，合格のご祝儀的にたくさん仕事をいただきました。収入が多くなると見込み，2021年の誕生日に記念に開業しました（確定申告のときに開業しておいてよかったなと思います）。

最初は紹介経由の仕事が多く，基本的にすべて受けていました。ただ，プライベートの時間がなくなり，体力的にも厳しいと感じたため，2022年後半からはセーブしたり，コントロールしています。

　紹介だけでなく，事業主から直接お声がけいただくことも増えました。「どういうことができるのか」「やりたいのか」を発信しているので，それが功を奏しているのだと思います。

■ 「深夜労働はしない！」が自分ルール

　前述の通り，最初のほうは仕事を引き受けすぎてしんどい時もありました。ただ，寝ないで仕事するとか，締め切りに追われるようなレベルになったことはありません。自分の力量に合った仕事を考えています。

　会社員としても深夜労働になる22時以降は，基本的には稼働しないようにしています（フリーランスの人と仕事をするときは時間感覚がずれることも多いのでコントロールが必要です）。

　また，意識的に完全にオフの日を作るようにしています。同じ資格の人や仕事関係の人と会う場合，何となく仕事スイッチが入ってしまうので（どこかで仕事につながるかもしれないなど思うと楽しめない），必要以上に交流会などに行かないようにしています。

副業時のタイムスケジュール（平日）

6：30	起床
8：00	副業開始（各種 SNS のチェック／売上，集客状況のチェック／動画撮影，編集／メールやチャットの返信など）　※考えたり，話したり，体力と頭を使う仕事はなるべく朝やるようにしています。
9：30	本業始業　※休憩時間に30分ほどの副業の MTG をいれることもあります。
19：00頃	本業終業
19：30	ジムで運動（週5くらい）
21：00	副業（各種 SNS の更新／YouTube サムネイルの作成／予約があれば受験生個別指導のレッスンなど）
22：00	完全終業（読書や YouTube などでインプットしたりリラックスタイム）

■ これから

　コンサルの仕事も続けていろいろなノウハウを学びつつ，自分の事業を進めていきたいなと考えています。

　もともと，自分で事業を立ち上げたり会社を経営することに興味を持っていて，実際に占いの事業を個人で始めたり YouTube を一緒にやっている診断士の同期と新規事業を立ち上げるために行動しているところです。

　また，私自身が資格を取って本当に人生が変わったと思っています。

　資格取得を決意したのが26歳のときでしたが，特に今後のキャリアやライフプランに悩みを抱える時期だと思うので，同じように人生変えたい，何かに挑戦したいと思っている人の後押しができるような活動をしていきたいです。

副業開業のメリット・デメリット

メリット	精神的にも経済的にも，リスクが分散できること。本業も副業もどちらも大変ですが，居場所が2つあることで，1か所に依存しすぎずに，精神的に楽になる。本業一本の時は，勤めている会社で頑張るか・辞めるか，の二択だったが，副業があることで選択肢が増えた。
デメリット	特に感じない。本業でも十分に生活できる収入はあるので，副業でデメリットを感じそうなことがあれば，その仕事は受けない，撤退することを徹底している。

> **Message**
>
> 　コンサルは労働集約型なので，今後のライフプランを考えるとこのペースで働き続けるのは厳しいかなと思い，ストック型の収入源を作れれば……と模索しています。
>
> 　診断士の資格はコンサルタントの国家資格ではありますが，事業者様の経営支援をするだけでなく，学んだ知識を活かして自分で事業を始めたり会社を経営することも選択肢の一つです。例えば，YouTube でも発信しているのは，マーケティングや動画作成を学ぶ一環です。占い事業もさまざまな SNS やツールを駆使して集客を行っていますが，結果的にそこで得た学びがさらに事業者様へのご支援につながることも多く，すべての取り組みが学びにつながっていて，とても楽しい仕事だなと感じています。
>
> 　これからも「とりあえずスタート」という気合で，いろいろチャレンジしていこうと考えています。

IT 販社営業マン×診断士

50歳で合格！　営業力を活かして増収増益

大竹 寛征 (50代)

▶副業期間：2017年4月～2020年1月
▶業務内容：セミナー講師，経営コンサルティング（営業強化・新規開拓，IT活用，事業承継），執筆等
▶報酬金額：徐々に増えていった独立前は副業200～300万円程度
▶投資金額：パソコンを新調，名刺入れ等，プリンター，会計ソフト導入など（青色申告用）100万円弱

PROFILE

〇〇TAKE経営コンサルティングオフィス代表。

IT販社にて中小企業向け業務システムの販路開拓業務を実施，プロジェクト統括責任者として全国拡販を推進（18年），携帯会社にて新規事業開発，営業企画等の業務に従事（12年），2017年より中小企業診断士 講師・経営コンサルタントとして活動。

◼ 営業マンとして中小企業の社長の悩みを聞くうち,診断士を志す

元々IT販社で法人営業をしていました。日々，中小企業の社長と接し，業務上の課題などは本業なので相談に乗ることができましたが，経営の悩みなどには対処できませんでした。「中小企業の社長の経営の悩みに応えられるようになりたい」と思うようになり，診断士試験の受験を決めました。ちょうど40代前半からの挑戦でしたが，試験は難しく，当初の想定より長くかかりました。初志貫徹で診断士登録をしたのは50歳のときでした。

◼ すぐに副業開業

当初より独立を視野に受験していました。合格後はすぐに登録し開業しましたが，いきなり完全独立はせず，副業開業としてスタートし，会社員をする傍ら，独立後を見据えて人脈を作っていきました。

まずは，住んでいる県の診断士協会に入り，研修会や懇親会に積極的に参加しました。士業にもよると思いますが，診断士は一口に「診断士」といっても，

その専門分野は営業，知財，IT，金融，製造業など多岐にわたり，人により得意分野が異なります。それゆえ，診断士同士で組んで仕事をしたり，仕事をシェアしたりすることが多いです。診断士としてのネットワークを構築することで，まず，先輩診断士から仕事を紹介されるようになりました。

また，事業承継士という民間資格を会社員時代に取得していて，その支部にも入っていました。商工会議所のセミナー登壇や，相談窓口などの仕事を支部会員として，持ち前の営業スキルで開拓しました。

■ コロナ禍で完全独立，セミナーなどの仕事がなくなり真っ青に

副業開業中は，基本的に土日はなく，夜も仕事していました。徐々に副業としての仕事が増え，完全独立を考えるようになりました。

妻には，「思い切って独立なさい。そのためにやってきたのだから。どうせなら，人生，やらないで後悔するより，やって後悔したほうがいい」と賛成してもらいました。また，子どもはこのとき中学3年で高校受験を控えていました。ここで躊躇すると今度は大学受験後に……といつまでたっても独立できないので，その前に思い切って会社を退職することにしました。

ところが，そのタイミングでコロナ禍が押し寄せました。決まっていたセミナー等の仕事も軒並み中止となり，一瞬真っ青になりました。

ただ，その代わりに，経営相談窓口などの仕事が来たので，何とかなりました。不幸中の幸いで助かりました。コロナ禍によりさまざまな公的支援が強化されたためであり，ある意味運がよかったと思います。

■ 現在の仕事

診断士は，中小企業と公的支援の橋渡しをするのが務めです。

商工会議所等からお声がけいただき，経営相談（事業計画策定）や専門家派遣など商工会議所から謝金をいただく仕事をしています。また，埼玉県事業承継・引継ぎ支援センターに週2～3回勤務する公的な仕事もしています。

一方，経営コンサルタントとして，中小企業の顧問として直接契約を結ぶ民

間の仕事も行っており，公的な仕事，民間の仕事のバランスをとりながら運営しています。

　紹介などの間接的なチャネルに頼ると，商談の発生が偶発的となり，売上が安定しません。ですので目下，直販志向でダイレクトに中小企業・小規模事業者様にアクセスできる仕組みを構築中です。

■　これから

　士業は体が資本です。忙しくても，毎日ジムに行き，玄米食などを取り入れるなど，健康に気を使っています。

　今現在は，増収増益で順調です。ただ，健康に気を使っているとはいえ，自分の体は1つしかありませんので，できる仕事の量には限界があります。

　リピートでの依頼もありますし，ダイレクトな営業も効果が出てきていて，依頼は増える一方です。これからは，自分の仕事を軸に，診断士や他士業等に業務委託できる体制・ネットワークをつくるなど「仕組み化」を考えています。

副業開業のメリット・デメリット

メリット	・IT販社の営業としての仕事にもよい影響があった。 ・いつかは独立することを意識していたので，会社員をしながら独立するスキルを磨いた。 ・余裕をもって人脈が広げられた。
デメリット	・睡眠時間が短い。 ・土日がない。 ・お酒を飲む機会が多くなる。

Message

　士業は，資格を取ったからといっても仕事があるわけではありません。いくら勉強で知識を増やしても，それだけでは誰も買ってくれないのが現実です。「いいものをつくれば売れる」「スキルを上げれば売れる」わけではなく，自ら「自分を売る」必要があります。

　営業マンを長年やってきましたが，商品ではなく，「自分自身」を売るというのは，なかなか難しいと思っています。ただ，それができないと，いくら勉強しようともスキルを上げようとも，先輩士業からの「下請け」しかできない人になってしまい，とても独立では食べていけないでしょう。

　新規開拓営業では，相手は自分のことを知りません。「お前は誰だ？」からはじまります。「私はこういう人間で」「こういうことができます」など，それが相手に伝わって初めて話を聞いてくれる土俵にあがるわけです。

　初めての人に話を聞いてもらうには，にこやかさやコミュニケーション力，物怖じしない堂々とした態度が要求されます。経験がない方には，ハードルが高く感じるかもしれませんが，これらも努力次第で何とかなるものです。

　「私は営業畑出身ではないから」とお高くとまっていても，何もはじまりません。待っていても仕事はこないでしょう。自ら行動することが大事だと考えています。私の意見が正しいとは限りませんが，独立しての実感です。

　「コンサルタント」（士業）には営業力は大事です。

　これからの人に頑張ってほしいと思います。

Webマーケ会社×診断士×YouTuber

アクセス解析やSNS支援などマーケター経験を活かす

宮原 里歩 (30代)

▶副業期間：2022年1月～7月
▶業務内容：Webマーケティング支援，記事執筆，補助金サポート
▶報酬総額：200万円程度
▶投資金額：特になし

PROFILE

2013年立教大学社会学部を卒業。営業職で2社を経験後，2019年にデジタルマーケティングの会社に転職。2022年中小企業診断士試験に合格。同年8月独立。

■ 新卒で入った中小企業がきっかけで診断士を志す

2022年8月より独立し，診断士兼Webマーケターとして生計を立てています。近々法人化も検討中ですが，現時点では個人事業主です。

新卒で従業員300人弱のオーディオビジュアル設備の設計・工事会社に営業職として入社しました。人手不足だったので，営業だけでなく見積のための設計をしたり，現場に行って配線工事をお手伝いしたりと動きまわっていました。

4年程勤めていたのですが，診断士を志したのは，この会社での経験がきっかけです。

その会社は創業60周年を迎える中小企業でした。とても居心地のよい環境の一方，働きにくさを感じることも多々ありました。将来を明るく考えられなくなってしまい退職したのですが，ずっと「もっと自分にできることがあったのでは」という後悔がありました。

その後，28歳のときにふと「あの会社をどうしたらもっとよくできたのだろうか」と真剣に考えたタイミングがあり，そのときに，自分が「会社」や「組織」のことを何も知らないことに気が付きました。会社というものがどういう

ものなのか，どうしたら働く人みんながハッピーになれる組織が作れるのか，網羅的に勉強しようと思い出会ったのが診断士でした。

取得するまでに3年間という長い時間がかかりましたが，勉強していくうちに診断士として明るく楽しそうに働く人や，一緒に診断士を目指して勉強する仲間に出会うことができました。

■ 副業に至るまでの経緯

中小企業を退職後，商社系SIerを経てデジタルマーケティングエージェンシーに転職しました。そこで，アクセス解析やUI・UX改善提案，プロジェクトマネージャーなどの経験を積みました。

2022年の1月に，診断士に合格したことを報告すると，Webマーケターとして起業していた友人に誘われ，納品のお手伝いという形で副業を始めました。

また，診断士×Webマーケティングのスキルを持つ人は界隈内でも希少なこともあり，紹介でWebマーケティング業務，記事執筆，補助金サポートなどさまざまな仕事をしました。

まず，本業でGoogle Analyticsのアクセス解析とそこから見出す戦略・戦術提案の経験を積んでいたこともあり，その領域での仕事がありました。また，Facebook広告・Instagram広告の運用代行もしています（こちらも本業で経験あり）。

また，記事執筆では，「取材の学校」でインタビューの仕方や記事執筆の手法を学び，「アリババジャパンプレス」や「企業診断」などで執筆の機会をもらいました。

その他，補助金サポートでは，事業再構築補助金やものづくり補助金，IT導入補助金の申請をしたいお客様の支援を行っていました。

これらの仕事は，独立後も大きなお仕事の柱になっています。

収入は月によってバラつきが大きいのですが，副業をしていた2022年1月〜7月の間に実施した仕事で，200万円くらいは売上が発生しました。広告以外は原価もかからない仕事なので，副業としては充分な稼ぎだったかなと思います。

■　会社員としての仕事を優先

「何があろうと最優先は本業」という意識は常に持っていました。本業もずっと激務だったこともあり，時間管理は苦労しました。暇な時間はほとんどなくて，平日は朝から22時まで本業のお仕事，22時から25時まで副業，土日もいつも6時間位は副業で稼働していました。

診断士としては合格したばかりなので，交流の場や学びの場に行くことも多く，また同じタイミングで本業のメンバーが一時離脱したりしたので，本当に忙しかったです。完全に限界を超えていたので，泣きながら仕事をしている日もありました（笑）。

遊びも仕事も全力タイプなので，死にそうになりながらも人との交流はしっかり取っていました。独立後に一緒にYouTubeをやることになったメンバーとの出会いもこの期間ですし，忙しいからと人との出会いをセーブしなくてよかったなと思っています。

ただ，睡眠時間は少なくストレスはかなり強かったので，あまり他の人にはおススメできません。身軽な独身＆子どもなし，両親も若くて元気だからこそできたことかなとも思います。

■　副業のメリット

①お金が貯まること

本業で昇給するよりも手っ取り早く収入を増やすことができるので，副業をしていた時期はかなりお金を貯めることができました。

②自信がつくこと

会社の中ではよい成績を残しており，苦手なこともたくさんありつつも自分は「比較的優秀な社員」であると思っていたのですが，それが外でどの程度通用するのかはずっと興味がありました。イチから仕事を作っていくのは難しいのかとも思っていたのですが，副業を通じて自分の経験やスキルが人から求められるものだと知り，自信がつきました。独立してもやっていけるだろうという感覚も副業期間中に得ることができましたね。

③人脈を得られること

　副業期間中にお世話になった方々とのお仕事は，独立後も柱となっています。私の中では独立後にお仕事上のキーマンになった方が4人いて，4人とも副業中に出会った方でした。副業時代にしっかりお仕事をすると，独立してからもよいお声がけをいただくことができるので，とてもよい出会いでした。

■　体力的に限界になり完全開業

　完全に独立してやっていこうと決めたのは2022年5月頃です。独立診断士の方との出会いが非常にたくさんあり，迷っている私の背中を押してくれました（体力的に限界を迎えていたことも大きな理由の1つです）。

　今の仕事は，基本的には紹介での獲得が多いです。特に Twitter（現 X）でお声がけをいただくことが多くあります。セミナーも効果的で，セミナー実施時に個別案件の相談があり，次の仕事につながるようなことも多くあります。

■　これから

　この1年はたくさんの経験をすることを優先して，個人事業主として幅広い仕事をしていました。今後はよりドメインを絞り，仕事をもらう側ではなく仕事を創れる側になりたいと考えています。

Message

　コロナ禍でホテルが安かったとき，一時ホテル暮らしをしていました。
　京都や東京，福岡などさまざまな場所に行くので，移動時間を絶好の学びタイムとして読書をしています。また SNS で紹介される面白い記事や，デジタルマーケター向けのメルマガである「毎日堂」も日々チェックしています。セミナーを聞きに行く機会も意識的に取っています。やはりインプットの時間が少ないと出がらしになってしまうので，勉強する時間は大事だなと思っています。

病院清掃業正社員×診断士

激務に疲れたテレビマンがたどり着いた新天地

河内 崇 (40代)

▶副業期間：3年（診断士として1年目35万円，2年目440万円）
▶業務内容：中小企業のコンサルティング，広報PRの支援，補助金申請の支援
▶報酬金額：副業は月20万円程度
▶投資金額：50万円程度

PROFILE

　1978年生まれ。大学卒業後，テレビ番組の制作会社に入社し，マスメディアの現場を13年経験。業務過多により生活リズムが崩れ，35歳でメディアの仕事を辞める。42歳で中小企業診断士試験に合格。兼業開始から3年目，比較的ストレスフリーでありながらメディアで働いていた時の収入を超えるように。

■ ストレスフルなテレビマン時代

　大学卒業後，すぐにテレビ番組制作会社で働きはじめましたが，当時の番組制作は，過酷な労働環境でした。

　学生時代に陸上部に所属していたことから体力には自信がありましたが，30代の中盤にもなり，これまで無理をしてきたつけが回ってきました。

　仕事帰りの夜中，自転車に乗っていると，わき腹に激痛。救急車を呼んでもらい病院へ搬送されましたが，原因は過労と水分不足による尿管結石でした（すさまじい痛みです）。

　この経験が，働き方を見直す機会になりました。制作会社でこのまま働き続けた場合，どのような未来が待っているのか……。業界では，55歳定年説がありました。年齢を重ねた多くの先輩ディレクターが会社を去っていくのを目にしていました。10年後20年後の自分を想像したときに，明るい未来が待っていると確信が持てず，テレビマンを辞めることにしました。

思い付きで診断士を目指すが7年かかる

診断士を目指そうと思ったきっかけは，体調管理に悩み，将来の不安に駆られる中，本屋で，ふと目にとまった，『中小企業診断士の実像』（同友館）でした。

本の帯には「独立開業のススメ」の文字がありました。パラパラページをめくり，実際に診断士で独立している人たちの実体験を読み，「これだ！」と思いました。

会社を辞めて診断士を目指したことは，今でも後悔はしていません。

ただ，合格までに7年かかりました。

清掃アルバイトから正社員に登用，ビルクリーニング技能士も取得

「テレビマンの高給を捨てて……」とは周囲にいわれましたが，自分は好きで勉強しているので，気にしませんでした。アルバイトは，清掃業がメインでした。朝が早いですが，午前中に仕事が終わり，勉強時間が長く取れるのがメリットです。ビルクリーニング技能士という国家資格も取得し，清掃経験もベテランの域に達していたため，アルバイトから正社員に登用され，病院で副主任をしていました。

合格後は，勉強にあてていた午後の時間を，そのまま中小企業診断士の仕事にあてました。今は，診断士の仕事が忙しくなり，清掃業の正社員は退職しましたが，健康管理上，医療関係で働くメリットは大きいので，アルバイトとして続けています。早起きの規則正しい生活ができますし，病院で栄養管理された美味しい昼食が出ることや，定期健康診断が受けられるのも有難いです。

今は，本業・副業の比重が逆転しているイメージです。

副業としてやったこと

①予備校講師の会社で修業

タイムスケジュールは，病院勤務は朝5：30〜昼12：00（月〜土）なので，

診断士の仕事は13：00〜18：00（毎日）でした。

　開業して，まず頼ったのは，予備校時代の先生です。先生が経営しているコンサルティング会社が実施している実務従事をやりました。その縁で，登録後も，しばらくメルマガの制作を請け負ったりしていました。

　徐々に，でき上がった事業計画書の内容を各補助金申請用のフォーマットに落とし込んでいく仕事も請け負いました。

　WordやExcelなどを使い，見栄えよく整える仕事なのですが，これまであまりパソコンは使ったことがなく，得意ではありませんでした。「君のWordのお勉強のために給料を払っているわけではないのだぞ」といわれ落ち込みました。なんとか食らいついて，事業計画書の作成を任されるまでになりました。結局，「収益計画が全然だめ，やり直し」と多く指摘を受けましたが……。

　大人になり，さらに士業にもなると，先生と呼ばれることが多くなり，叱られることがなくなっていきます。初期の段階で，忌憚なく叱られたことは，今でも大変感謝しています。

②仲間探し

　国の施策で事業再構築補助金が始まった2021年，補助金ニーズが高いことは知っていましたが，どのように営業をしていいか，悩んでいました。そこで，Twitter（現X）でいろいろ検索をかけたりして，事業再構築補助金の仕事で仲間を募集している行政書士の方と出会いました。行政書士や税理士，診断士など約20名のコミュニティを持っている方で，その中で明確な役割分担がありました。診断士が事業計画書を作成し，行政書士が顧客との初回ヒアリングと申請業務全般をするという士業のそれぞれの強みを活かした体制で，ここで多くの業種業態の会社の事業計画書作成に携われたことは，今後のキャリアを積んでいく上で大きな糧になりました。

　　　　　　　　　　　　　　　　　単価一覧

　　・メルマガ作成　1本1万円
　　・事業計画書をWordやExcelで整える仕事（見栄えなど）　時給1,800円
　　・事業計画書の作成　5万円　※ヒアリングなし
　　・事業計画書の作成　6万円〜　※ヒアリングあり

副業のメリット

①収入面での安定

正社員とはいえ清掃業は昇給が限定的で，業務内容が原則変わらないので出世の見込みもあまりありません。副業に関しては，自分の裁量次第，仕事をやった分だけ収入を増やすことができることが大きいです。

②視野，世界が広がる

副業することで，新しい学びや出会いもあります。診断士は，経営者との関係を築くだけではなく，税理士や行政書士など他士業との連携も必要になります。また，コンサルする立場として，世の中の潮流やDX化の流れなど，業界の最新事情にも目を配っていく必要があります。

③本業との損益通算により節税メリットがある

副業（診断士）の経費が膨らみ赤字であった場合，本業（病院勤務）で源泉徴収された税金が戻る損益通算が可能です。1年目は，その恩恵を受けることができました。

副業のデメリット

①休む時間が減る

締め切りがある業務の場合は，土日返上で仕事にあたることになります。曜日感覚がなくなっていきます。

②本業に集中できなくなるときがある

副業でトラブルが発生していた場合，本業に支障が出てきます。特に，顧客とのやりとりが必要である場合，本業中に電話がかかってくることがあり，対応せざるを得ないことがあります。

③確定申告

副業で20万円を超えた場合，確定申告をすることになります。2月〜3月にかけて申告業務で忙しくなります。会計ソフトなど，しっかり慣れておく必要

があるのと，確定申告について事前に学んでおく必要があります。

仕事の獲得法

現在の仕事の獲得方法は，以下の通りです。

①士業仲間からの紹介

Twitter（現 X）を活用してネットワークを広げ，リアルでお会いしつつ，仕事の紹介を受けています。お互い面識がなく不安な部分がありますが，日常的に Twitter（現 X）で交流しているため，相手の性格や手がけている仕事，実績などが，それとなくわかってきます。現在は，行政書士や社労士の方々とのやりとりで仕事の案件，特に補助金関連のお仕事をいただいております。

②企業広報コミュニティからの紹介

前職のメディアの知見を活かして，企業広報の方々にプレスリリースの勘所やメディアアプローチについてアドバイスをしています。広報の方々は，積極的にコミュニケーションを図る人が多く，横のつながりがあります。補助金を活用したいという企業も多く，経営者の方につなげてもらったりもしています。

③知り合いの社長の案件

診断士試験の勉強仲間でもあり，以前から交流させてもらっている社長がいます。そういった経営者の紹介があります。

これから

テレビマンを健康上の理由と将来不安で辞めましたが，マスメディアの経験が診断士の仕事につながることが多々あります。例えば，スタートアップの広報の方々に向けて広報 PR のアドバイスを求められたり，プレスリリースの添削や企画の相談，知り合いのテレビメディアのディレクターの紹介をしたりもしています。

今は，さまざまな会社のサポートをしていますが，将来的には，自分で何か事業を起こしたいと考えています。ChatGPT など，AI のすさまじい進化の真っただ中で，コンサルのあり方も変わっていくと思っています。基本的な経営相

談は，AIが担うことになりそうですし，資料作りも，より簡単にできるようになってくると思います。専門性の高い士業は生き残っていくと思いますが，私としては，診断士として経営サポートもしつつ，自分が本当にやりたい事業を模索していきたいと思います。

> ## Message
>
> 　補助金バブルがあり，診断士の収入が増えて清掃業の仕事を正社員からアルバイトに変えました。
>
> 　これにより，やりたい仕事を増やすことができ，幸福感が増しています。ストレスも軽減しました。学ぶべきことが多く，続けていくのは大変な仕事でありますが，それだけにやりがいもあります。
>
> 　この仕事を続けるために心がけているのは，①とにかく発信する，②過去の経歴を活かす，③目の前の社長に尽くす，です。
>
> 　まず，「①とにかく発信する」に関しては，つながりたい人たちに向けて有益な情報をTwitter（現X）で毎日つぶやき，リプし，フォローするということです。一緒に仕事をしている診断士や行政書士，社労士の方々との関係はTwitter（現X）から始まっています。SNSの普及は独立へのハードルをかなり下げてくれたのではと思っています。
>
> 　「②過去の経歴を活かす」に関しては，私の場合は，メディア出身ということもあり，マスコミ視点での広報アドバイスができます。広報の方々が集まるコミュニティに加入させてもらうことで，他の診断士の方とは別の方法で，仕事の案件を獲得しています。広報の方々は，職種柄，経営者に近いところにいるので，補助金などの情報提供を広報の方を通じてさせてもらっています。普通に営業をかけるよりも高確率で受任できます。
>
> 　「③目の前の社長に尽くす」に関しては，以前から社長と知り合いであったことも大きいですが，経営以外の悩みについても丁寧に対応するように心がけています。現在は，診断士試験に挑戦する社長の勉強のサポートをさせていただきつつ，知り合いの社長を紹介してもらったりもしています。経営者のネットワークがあるので，ひとりの社長と信頼関係を築くところから，次の仕事につながっていくと思います。
>
> 　結局，目の前の身近なところから地道に信頼を勝ちとっていくことが大事なことだと思っています。

ベンチャー企業経理×診断士× YouTuber

SNS や経理系の支援

亀井 誓子 (20代)

▶ 副業期間：3カ月（本業はベンチャー企業の経理・財務関係）
▶ 業務内容：経理系システムや社内体制構築コンサル，SNS 運用代行など
▶ 報酬金額：だいたい月20万円程度
▶ 投資金額：特になし

PROFILE

　2016年に徳島大学を卒業後，複数の事業会社にて経理・財務部門を経験。2020年度中小企業診断士試験１次試験合格。2021年度２次試験合格。2022年５月から埼玉県中小企業診断協会に所属し，同年９月に独立。

■　１次・２次ともに一発合格

　元々独立して働きたいという願望がありました。ただ，自分の価値を示すような経歴や肩書がなかったため「何か資格を取ろう」と考えました。経理・財務関係に携わっていたのと，企業の経営に関わる業務がしたいという気持ちがあったので診断士試験を受験することに決めました。

　2019年10月頃から１次試験のテキストを購入して2020年８月の１次試験に向けてテキストや過去問で勉強（独学）しました。得点は高くありませんでしたが何とか合格できました。

　２次試験については，コロナ禍で特例制度（受験資格を２回残したまま受験を１年後ろ倒しにできる）を利用し，2020年12月頃から勉強を再開しました。『ふぞろいな合格答案』『30日完成！　合格点突破計算問題集』（同友館）で，平日は２〜３時間，休日は７〜10時間勉強しました。２次試験合格まではすべて独学でしたが，Twitter（現 X）経由で勉強会に参加したりしていました。

合格後は積極的に先輩に会う

登録のための実務補習が終わった後から，Twitter（現 X）の DM 経由で「私も独立を目指しているので話を聞かせてください」と先輩に声をかけました。Zoom や対面での食事をして独立までの準備等についてアドバイスを貰いました。その際，「亀井さんはどんなスキルがあるの？　今後は何の仕事をしたいの？」と聞かれ，それを話すことで，「自分のできること」「やりたいこと」が整理できました。

最初の仕事も，先輩経由です。「経理の体系構築に関する助言ができる人を探している。よかったら案件に入らないか」とお声がけいただきました。二つ返事で引き受けました。

ちなみに，在籍していたのはベンチャー系企業だったので，副業は OK でした。診断士の勉強を始める前にも Web マーケティングやライティング，SEO対策などの副業に挑戦したこともあります。周りでも，アフィリエイトやYouTube での発信，動画編集などを副業として行っている20代は多いです。

診断士としての収入で生活できるようになり，完全に独立

副業の内容と収入は，以下の通りでした。

・経理の体系構築のコンサルティング　週1日（収入公開不可）
・SNS の運用代行　月3〜5万円
・SNS 系セミナー講師　1本2〜5万円
・補助金の事業計画書の作成　着手金3〜10万円，成功報酬10〜80万円（←案件によって大きく異なる）

元々独立志向が強かったので，補助金の事業計画書の作成の依頼が増えたことや経理系のコンサルティングやセミナー講師など，平日に稼働を求められる仕事の話があり，独立を決意しました。診断士の仕事だけでも生活していけるレベルの収入を安定して稼げていたので，独立に不安や抵抗はありませんでした。

　8：30　　起床
　9：00　　本業開始
14：00　　お昼休憩（昼食後に30分程度副業）
15：00　　本業
19：00　　本業終了，夕食
20：00　　副業
24：00　　副業終了，入浴 等
25：30　　就寝

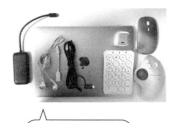

愛用の仕事道具

■　紹介での仕事が多い

　所属している「埼玉県中小企業診断協会」が公募している仕事に申し込むこともありますが，診断士仲間，先輩からの紹介が多いです。「どんな仕事をしているの / できるの？」と聞かれたときに「SNS 系の支援や経理系の支援をしています」と具体的に話すようにしています。すると，それを覚えてくれている人が，支援が必要になったタイミングで声をかけてくれます。

　実は，私は自己アピールや話すことがあまり得意ではありません。そこで，自分をアピールできる名刺やコミュニケーションツールのような存在と思って，友人と YouTube で動画も発信しています。動画を見てくれる診断士仲間や先輩が増えるにつれて，「亀井さんは SNS 支援が得意なんだよね？」と仕事につながることもあります。

話し仕事は
あまり得意では
ないけれど……

	副業開業のメリット・デメリット
メリット	・本業で安定した収入があるので，疲れたら受注量を減らしても生活に影響が出ない。 ・副業を頑張った分だけ収入が増える（本業だと仕事量を増やしても給与額は一定だったため）。 ・転職や異動をしなくてもいろいろな仕事を経験できた。
デメリット	・本業の終業後に行うので，受注量のコントロールはマスト。初めての業務だと，業務の負荷がわからず，どうしても自分のキャパシティを超えて受注してしまい，徹夜で何とか間に合わせた苦い記憶があります（といっても，業務の負荷を前もって把握するのは難しく，今現在でも苦労しているところではあります）。 ・企業への訪問や事業者への支援では平日の日中に稼働する必要があるため，対応できる業務が限られてしまう（在宅・オンラインでできる仕事をすることが多かった）。 ・トラブルなどで急に本業が忙しくなると，（受注済みの副業に締切がある場合は）プライベートの時間を削る必要が出てくる。

Message

　Twitter（現 X）では少しずつ20代の診断士や女性診断士が増えてきている印象ですが，私が所属している埼玉県中小企業診断協会では研修会や研究会，リアルでのイベントに参加しても20代の診断士や女性診断士は１割もいません。協会には若手が少ない，女性が少ないといった印象からリアルでのイベントにあまり参加しないのかもしれません。

　もちろん，少ない属性ということで差別化ができる面はありますが，若手や女性が極端に少ないと，診断士が支援できる内容も限られてしまうでしょう。例えば，女性向けサービスや SNS，Web，DX 関係の支援は需要が増加していますが，支援できる人材が足りていないようにも思います。

　診断士という資格の価値を高め，認知度向上や仕事数の増加にもつなげていくために，若い人や女性が診断士という資格に魅力を感じるような動画をつくり，診断士の資格を取得した人が実際の仕事に活かせるように情報を発信していきたいと考えています。

執筆者アンケート

書く・教える・助っ人・生み出す 私がやってよかったお仕事

副業として，多いのが「書く」「教える」「支える」「生み出す」仕事。どんな仕事をやったのか，やってよかったことや失敗したことについて，執筆陣に調査しました。

イラスト：稲葉知秋

「書く」仕事

Writing

西岡　文章を継続的に作成することを仕事にすると，収入を得ながら勉強ができる面でよいです。記事を作成するために調べたことが本業にフィードバックでき，またその記事からさらに別の仕事につながります。文字単価は相場〜高めに設定しているので収入面でもよいです。

望月　開業早々に共著本の書籍の執筆の機会を得ました（『非営利型一般社団法人による診療所開設ハンドブック』）。お客様や他士業の方からも「本読みました！」と許認可やセミナーを依頼され，仕事につながっています（とにかく震えながら執筆しましたが，結局のところすべて書き直していただきました……）。

　ホームページにしろ，書籍にしろ，SNS にしろ，国家資格者が実名で法律について書くということは責任を伴います。執筆当時の私には知識も経験も不足して

いて，力不足を実感しましたが，アウトプットをするための勉強は圧倒的に身に付きやすいです！ 今も，「真剣に調べて，責任をもって発信する」ようにしています。

山本　記事の監修や執筆活動は，1時間あたりの成果は少ないかもしれませんが，それ以上の価値があります。私の場合は監修者や執筆者に必ず私のプロフィールを載せていただくようにお願いをしています。ただ，社労士であれば誰でもよかったり，実績の代わりになるからという理由で取材の掲載料をこちらが支払う内容の依頼はお断りします。

稲葉　事務所のホームページがないので，ウェブメディアで執筆した私の開業体験についての記事を調べて，お問い合わせをくださる企業がありました。

亀井　補助金の事業計画書の作成は，診断士試験で得た知識を合格後すぐに活かせました。着手金や成功報酬の金額規模が大きいものが多いのですが（着手金3〜10万円，成功報酬10〜80万円（←案件によって大きく異なる），1件あたりの工数，負荷をしっかり把握できていない時期に受注しすぎてしまい，締切前は徹夜に近い状態になる日が続きました。

宮原　アリババジャパンというメディアで，自分の得意領域であるWebマーケティングについて数本執筆しました。記事を読んだ方からセミナー実施の誘いを受けるなど，次の仕事につながりました。事務所のホームページ代わりにアリババジャパンの記事のURLを送り，しっかり経験があること，記事をメディアで執筆できるレベルであることを証明できたのもよかったです。

　　ただ，1本あたりの単価が高くない（数本書いて5万円程度）ので，受験関連コンテンツなど，自分の今後の事業の方向性とシナジーがないものはやらなくてもよかったかなと思っています。

木村　noteの執筆など，自分の経験談をもとに，自分で販売する仕事はやってよかったです。一から新たに調べて用意する必要もなく，自分だけのオリジナルな物が作れるので売れたときのやりがいがあります。時給換算するとだいたい1万円く

らいで効率もよかったです。

河内　事業再構築補助金の事業計画書の作成は，診断士試験の2次で培った知識や
ノウハウがそのまま活かせるのがよいです。集中力とリサーチ力，基礎体力もつ
きます。

「教える」仕事

Teaching

望月　セミナーを聞いてくださった方から別のセミナーのご依頼もいただき，「一般
社団法人（非営利型）での診療所開設の検討について」という動画も撮っていた
だきました。直接の売上は多くはないですが，その準備のために確認した知識や
アップデートした資料が財産となっているので費用対効果が高いと感じています。

稲葉　福祉関係の事務所で年金の研修を行っています。一般の方の知識レベルがわ
かり，経験値が上がります。専門職への研修の場合はその職員さん達の仕事につ
いてもある程度理解した上で話をしないと聞く耳をもってもらえないことを痛感
しました。

山本　無料有料問わずにセミナーはやるべきです。資料を作成して，時間を使って
聞いてもらう経験は，いろいろな学びがあります。

成岡　外国人向けの入管法や労働法のセミナーは，日本に住む外国人の方の一助に

なれていることを実感できてよかったです。定期的に依頼があり，収入の見通しが立てやすいのもよいです。

亀井　SNS導入の支援は，教えた内容を実践したら結果が出たと喜んでもらえたのがよかったです。SNS導入の支援（2～3人に対して教える）は，初回の説明：無料，2回目以降：1時間5千円～2万円。

宮原　Web広告やWebマーケティングに関する講義を複数回行いました。セミナーの後に個別のコンサル案件のご提案につながる機会が何度かありました。無償で2回，有償で4回実施しました。合計30万円ほどの収入になりました。

木村　診断士の受験生の個別指導に取り組んでいるのですが，すごくやりがいを感じています。本業が人事で，面接や1on1の機会も多いので，双方から学びがあり，今後も継続していこうと思っています。

「助っ人」仕事

塩谷　会計事務所や士業事務所でのアルバイト。自分が前に立つよりも陰で支えるほうが得意なので，「ありがとう」をたくさんいただけると嬉しいです。

高木　SNSで知り合った社労士の先輩からお声かけをいただき，都内の社労士事務所に月1でお手伝いに行っていました。「助かる」といっていただけるうえに，勉

強になることばかりでした。

宮原　事業再構築補助金の申請サポートは，その会社の根幹にかかわることができる仕事だなと思います。社運を賭けての一大プロジェクトに挑む際に，補助金は大きな支えになります。無事採択まで至れたときは，本当に喜んでいただけますし，その後も長くお付き合いできるお客様になることもあります。補助金はあまり好きでない方も多いのですが，個人的にはとてもやりがいのある仕事だなと思っています。収入面でも補助金は成功報酬でドカンと入るイメージでした。

生み出す仕事

稲葉　開業から2年で数多くのセミナーやイベント企画を生み出してきました。収益はあまりないですが細く長くこの業界で頑張っていきたいと考えているので種まきになっているはずと考えています。

　社労士として依頼を受けたあとに，まったく別の企画に関するお仕事で依頼を受けることがあります。例えば会社設立時の労働社会保険手続きの依頼後にクラウドファンディングの支援依頼など。どんな企画でも「生み出す」ことを武器にすると，提案の余地も広がると考えています。

山本　介護に強い社労士，というところから，介護業界について詳しくなりたい社労士に役立てるようにとセミナーや商品開発（ルールブック）の話につながったり，労働法制を学びたいケアマネジャーに労働基準法を教える機会があったり，産業

ケアマネという資格の試験問題作成を依頼されることにつながりました。

亀井　経理の体制構築に関するコンサルティングは，自分の経理経験と診断士試験で得た知識を最大限に活用できて自信にもつながりました。

宮原　Instagram 広告と Facebook 広告の運用代行は，お客様の期待以上に売上を伸ばすことができ，嬉しかったです。

　　Google Analytics でのアクセス解析と，アクセス解析結果に基づくサイトの具体的な UI・UX や集客施策の改善提案は，案件によって単価はさまざまでしたが，10万円〜20万円ほどのスポット案件の積み重ねで160万円くらいになりました。

（番外①）
ひよこ狩りについてどう思いますか？

尾川　行政書士会の名簿に登録されてから30分も経たないうちに「月額3万円でお客様を紹介します」という内容の営業電話がかかってきました。一度電話を切って会社名を調べてから「怪しいので」という理由でお断りしました。

　　インドに行かれたことがある方はわかるかと思いますが，インドでは毎日がひよこ狩りです（笑）。士業に限らずどの業界でもそのようなビジネスモデルは普通にあるし，すべて自己責任かと思っています。ひよこ狩りに限らず上手い話があったときの対策として，ネット検索して調べるのはもちろん，最低3人，できれば考え方のタイプの違う人たちに意見を聞いてそれらを参考にします。

望月　ひよこ狩りは高額セミナーなどがよく挙げられますが，それよりも「違法な業務をそれと知らないであろう新人にやらせる」「明らかに取り

分の割合が適正でない業務の下請けをさせる」のが本当のひよこ狩りだと思います。これは行政書士の先輩からだけではなく，コンリルや他士業からも新人行政書士は狙われていると思って間違いないと思います。行政書士登録をしている以上，新人であることは言い訳になりませんので，業務を受任するときにはしっかりと調べること，よくないと思った案件は勇気を持って断ることが大事だと思います。

金子　講座の内容と費用のバランスがとれていないものは言語道断だと思いますが，自分で調べて，それに関する書籍を買って，読んで，理解するというのは，とても時間がかかることなので，お金を払って講座を受けて，時間を短縮して知識が身に付くのであれば，効率的なことだと思います。なので，特にひよこ狩りかを疑うのではなく，自分の興味のあるものは受けようと思っています。

西岡　行政書士に関しては他士業に比べて特に実務を学べる場が少ないため，同業者による新人向けのサービスは一定の需要があります。それをひよこ狩りというかはともかく，何に価値を感じるかは人それぞれなので，少しでも早く実務を身に付けたいなら課金するのもありだと思います。

　私が情報に対してお金を払うときは，まずはそのサービスに対して情報収集を行った上で，信頼できる先生が提供されているものを選ぶようにしています。

　本当に新人を食い物にするような悪質なサービスなら問題ですし，自分も出会ったら注意喚起をしたいと思います。

馬場　ひよこ狩りというと悪いイメージの組織になりますが，しっかりとしたポリシーを持っているところもあるかと思います。もしそこを利用されるのであれば，その組織が最終的にどんな行政書士になることを目標としているのかを利用する前にしっかりと確認し，自分が描いている行政書士像と一致するようであれば，利用を前向きに考えてもいいので

はないかと思います。

　開業塾などでは，とにかく顧客を増やし，売上を上げるための支援（開業塾の費用が高いので元を取るというような支援）になりますが，儲かるのはいいことですが，自分の時間もなく常に走り回り続けることを，本当に望んでいるのかどうか，自問自答すべきかと思います。少なくても私はそういう生活を望んでいないので，そのような指導を受けずにきています。

山本　高額セミナーがイコールひよこ狩りではないです。そのセミナーが今の自分にとって投資価値に相応しく，インプットした内容を回収することができれば金額の多寡は問わないと考えるからです。つまり，ひよこ狩りはサービス提供側と受け手側の費用対効果が合っていないと感じた場合に起きる現象だと思っています。

稲葉　SNS でつながりのある方から，新しい事業について相談があるといわれ打ち合わせに出席したら単なるシステムの営業でした。協業や委託といったさまざまな表現で惑わせてくる業者もいるので，社労士法に抵触しないように対応していきたいです。

　セミナーや教材の購入は，結局は個人の判断なので，その内容が捻出する費用や時間に見合うものなのかしっかり見極める必要があります。

　また，経験を積みたいといった理由で安価で同業者の下請けをしている方もいます。もちろん，その経験が時間や労力に見合えばいいですが，仕事を依頼する側は安価で下請けしてくれる人材として雑に見ているかもしれません。

（番外②）開業者に聞く！　わたしのおススメ本

> 開業者は孤独。モチベーションを上げるのに，実務に，本が助けてくれることがあります。おススメ本について執筆陣やX（旧 Twitter）で聞いてみました。

【行政書士】

塩谷　『ドローン飛行許可の取得・維持管理の基礎がよくわかる本』（セルバ出版）はドローンに特化している行政書士法人の佐々木慎太郎先生の書籍です。この本を参考にブログを書いたりしました。

金子　『建設業法と建設業許可　第2版　行政書士による実務と解説』（日本評論社）は建設関係の許認可を扱う先生方にはよいかと思います。

西岡　『行政書士実務セミナー<専門分野選択編>』（中央経済社）。行政書士は扱う業務の幅がとても広く，許認可だけでも1万種類以上あるといわれています。何を自分の専門分野にするか悩む方は多いと思います。この本は先輩方の体験や仕事内容がわかりやすく書かれていて，選択の参考になりました。これから開業する方におススメです。／『TikTokerばななちゃん，行政書士になる!』（中央経済社）は受験勉強のことから開業のことまで，経験を元にしたリアルな言葉で書かれています。資格取得や開業のモチベーションアップにはベストな一冊だと思います！

尾川　『人の心が読めるヤバい営業術』（白夜書房）は単にノウハウのみを連ねたビジネス書のような類ではなく，体系立ててわかりやすくビジネスを通しての「生き方」を示してくれます。20年以上自営業をしてきた私にしっくりくる良書でした。開業時にこの本に出会えてよかったです。

望月　『改訂版 行政書士のためのマーケティングギア』（第一法規）／竹内豊（著）『行政書士合格者のための開業準備実践講座（第3版）（実務直結シリーズ・プレBook）』（税務経理協会）／『行政書士法コンメンタール 新12版』（北樹出版）。

@tcomprehense 『カバチタレ！』，『ナニワ金融道』（講談社）は実際に
ありそうなことと解決策をイメージできました。／『建設業法と建設業
許可 第2版 行政書士による実務と解説』（日本評論社）は非常に詳しく
書かれています。

@yujiro_meinan 『士業の業績革新マニュアル──「選ばれ続ける事務所」
に変わるマーケティングとマネジメント』（ダイヤモンド社）は主に弁
護士，司法書士，税理士，公認会計士，社会保険労務士を対象にした士
業経営のマニュアル書。とても勉強になると共に，行政書士が対象と
なっていないことから，「行政書士でもやれる」ということを証明した
いと思わされた1冊。／『マーケティング発想で勝ち抜く！ 行政書士
の年収アップ戦略‼ 行政書士のためのマーケティングマニュアル』（第
一法規）は行政書士事務所の経営，マーケティング，組織化まで触れら
れた書籍。実務本が多い中，マーケティングに特化している書籍で大変
勉強になった。

....

【社労士】

@cakefroren 『学年ビリのギャルが1年で偏差値を40上げて慶應大学に
現役合格した話』（KADOKAWA）は目標達成の極意がそこにある本。自
分に負けない，負けたくないときには読み返す本です。敵は己にありだ
と思っています。／『社会保険労働保険手続便覧』（創新社）は社労士
会の新人実務研修でいただきました。以来，書き込み，貼り付け多数で，
もう捨てられません。／『3訂版 労務トラブル予防・解決に活かす菅
野労働法』（日本法令）は労務相談と特定社労士の試験用に使いました。

匿名さん 『成功はゴミ箱の中に レイ・クロック自伝──世界一，億万長者
を生んだ男 マクドナルド創業者』（プレジデント社）は熟年になってか
ら資格を取った私には，52歳でマクドナルドを立ち上げた主人公に共感
できた。／『労働基準法コンメンタール』（労務行政）は社労士にとって
最も重要な労働基準法について厚生労働省が出している解釈本。

ズーカー@社労士 『労働法実務──労働者側の実践知』（有斐閣）は労働

紛争の考え方や対応方法などが類型ごとに記載されており，非常にわかりやすい。

@ H_S36lab 『完訳 ７つの習慣 人格主義の回復』（キングベアー出版）は自らが道を切り開いていく上でのあり方が網羅されている。

@ ogiu_sr 『管理監督者のための 採用から退職までの法律実務（改訂第17版）』（一般社団法人埼玉県経営者協会）は定番中の定番の実務書です。採用から退職までに起こる，さまざまな問題に対する，法的根拠から対応実務までのすべてを，わかりやすくコンパクトにまとめています。スタートラインとして最適な一冊。／『会社を救うプロ士業 会社を潰すダメ士業』（さくら舎）は「士業の選び方・使い方」を，経営者の視点でまとめた本です。「選ばれる士業」とは何か。士業を超えた「プロ士業」とは，会社に，経営者にどんな価値をもたらす人か。士業として生きる覚悟を，グサグサ突きつけてきます。あえて鼻につく表現を混ぜている劇薬ですが，最後の「おわりに」まで読み通せば，士業の底知れない可能性を感じられます。

@ Office_MORI 『労働契約法』（有斐閣）は個人的に好きな教科書的な本です。労働契約法の解説ではなく，労働契約の解説本です。／『HUNTER X HUNTER』（集英社）は気晴らしに最適！

@miraiku0501 『新基本法コンメンタール 労働基準法・労働契約法』（日本評論社）は労働基準法，労働契約法の各条文についてより詳細に説明してあり，法律の立て付けが理解できる。／『正法眼蔵』（岩波文庫）は何かを究めるというのは，自分自身のエゴをなくすことだと教えてくれます。一つ一つが珠玉の言葉。

匿名さん 『決定版 モデル条文でつくる就業規則作成マニュアル』（旬報社）は，法令，判例，通達はもちろん，中小企業の労使双方に有益なルール策定，労務運用を重視して書かれていて有用です。／『入門 組織開発』（光文社新書）は，働く人が幸せだと感じる職場をつくりたいと心から思える本です。

【診断士】

宮原 『完訳 7つの習慣 人格主義の回復』（キングベアー社）は私の人生のバイブルです。特に第四の習慣である「Win－Winを考える」の章です。Win-WinまたはNo Dealといって「Win-Winになれないのであれば取引をすべきでない」ということについて語られています。

　前職の会社員時代，最初の3年間はWin（お客様）－Win（会社）－Win（自分）を築けていたと思っていたのですが最後の1年間はバランスが取れず，このままだと会社か自分のどちらかがLoseになってしまうと思いました。Win-Winのバランスが崩れたなと認識したタイミングが，退職を決意したタイミングでもあります。個人事業主であれば，自分の決断だけでNo Dealを選択できますし，No Dealを選択したことによりダメージを受けるのも自分だけです。これからは完全にWin-WinまたはNo Dealを目指すぞという想いのもと，開業しました。

河内 『マンガでよくわかるエッセンシャル思考』（かんき出版）は考え方を参考にしています。

稲垣 『エッセンシャル原価計算』（中央経済社）。B/S管理会計中心の診断士試験に対して，実務はP/L中心も大切です。入門書ですが，神戸大学の渾身の一冊なので安心できる「実用書」です。／『フリーランスを代表して申告と節税について教わってきました』（日本実業出版社）。補助金関連で税務書類は避けて通れません。20年前に同じ著者の本を読んでビジネスに入ったので「モチベアップ本」としても使っています。

@Hrhtmki 『認定支援機関のための業種別経営改善計画の作り方』（ぎょうせい）は業種別，事業環境に応じて，アプローチやフレームワークの使い方のノウハウがわかりやすくまとまっていてとても参考になっています。／『資格試験合格後の本』（自由国民社）。試験合格後に資格の価値に悩んでいたときに，本書の「診断士のように，能動的に，前向きに，そして直接的に他人を幸せにできる資格は，ほかにないのではないだろうか」の一文を見て，やるべき事が明確になりモチベーションが上がりました。

■編著者略歴

林　雄次（はやし　ゆうじ）
はやし総合支援事務所代表
大学卒業後，大塚商会のシステムエンジニアとしての勤務中に，社労士等多くの資格を取得。
兼業2年目には給与を上回る売上，上場企業からの顧問契約など資格の組み合わせを生かした急成長を経て，独立。
保有資格は社会保険労務士，行政書士，中小企業診断士等ビジネス系から，情報処理安全確保支援士，システム監査技術者，kintone認定カイゼンマネジメントエキスパート等IT系，国内旅行業務取扱管理者，健康経営アドバイザー，潜水士，防災士など幅広く，400を超える。
上場企業からベンチャーまで幅広い企業の顧問や，士業向けに「デジタル士業」オンラインサロン主宰，個人向けの資格・開業コンサルなどで幅広く活動。僧侶でもある。
東京都社会保険労務士会デジタル・IT化推進特別委員。
公式HP：https://lit.link/yujihys
公式X（旧Twitter）：https://twitter.com/yujihys

ado
大学卒業後，大手流通関係の企業に入社。10年以上複数の大型施設立ち上げプロジェクトの推進に携わる。2022年より社会保険労務士として副業開業中。30代後半。2023年8月より「社労士のGAKKO!」運営中。

人物・ひよこイラスト：稲葉知秋

行政書士・社労士・中小企業診断士
副業開業カタログ

2023年11月1日　第1版第1刷発行
2024年12月5日　第1版第3刷発行

編著者　林　　　雄　　次
　　　　a　　d　　o
発行者　山　本　　　継
発行所　㈱中央経済社
発売元　㈱中央経済グループ
　　　　パブリッシング

〒101-0051　東京都千代田区神田神保町1-35
電話　03（3293）3371（編集代表）
　　　03（3293）3381（営業代表）
https://www.chuokeizai.co.jp
印刷／文唱堂印刷㈱
製本／㈲井上製本所

©2023
Printed in Japan

＊頁の「欠落」や「順序違い」などがありましたらお取り替えいたしますので発売元までご送付ください。（送料小社負担）
ISBN978-4-502-47621-1 C2032